Thorsten Schmidt

Links und rechts der Straße der Romanik

Schmidt BUCH

Titelbild: Jagdfries an der Hauptapsis der Stiftskirche Königslutter

Die Deutsche Bibliothek - CIP-Einheitsaufnahme

Schmidt, Thorsten:
Links und rechts der Strasse der Romanik : ein praktischer Reiseführer zu weiteren romanischen Baudenkmälern im mittleren Deutschland / Thorsten Schmidt. - 2. Aufl., 5. - 8. Tsd. - Wernigerode : Schmidt-Buch-Verl., 1995
(Kleine Touristen-Reihe)
ISBN 3-928977-24-5

Straße der Romanik
Projekt des Ministeriums für Wirtschaft, Technologie und Verkehr des Landes Sachsen-Anhalt
Projektleitung Dr. Christian Antz, Referat Tourismus

Wissenschaftliche Beratung:
Sachsen-Anhalt und Thüringen: Dr. Helga Neumann (Wernigerode)
Niedersachsen: Joachim Salzwedel (Goslar)

Es fotografierte Thorsten Schmidt

Burgberg 13, Tel.: (03943) 23246 Telefax: 45010
2. Auflage 1995, 5.- 8. Tsd.
Satz und Gestaltung: Schmidt-Buch-Verlag
Lithographie und Druck: Graphisches Centrum Calbe
ISBN 3-928977-24-5

Thorsten Schmidt

Links und rechts der Straße der Romanik

Ein praktischer Reiseführer zu weiteren romanischen Baudenkmälern im mittleren Deutschland

Schmidt-Buch-Verlag Wernigerode

Vorwort

Die „Straße der Romanik durch Sachsen-Anhalt“ ist ein aufwendiges Tourismus-Projekt des Landes Sachsen-Anhalt. Nach sorgfältiger Vorbereitung wurde die Straße am 7. Mai 1993 in Magdeburg offiziell eröffnet und erfreut sich seitdem bei kunsthistorisch interessierten Reisenden in ganz Deutschland großer Beliebtheit. Insgesamt gehören 72 Bauwerke in 60 Orten Sachsen-Anhalts zu dieser in Form einer Acht mit Ausgangs- und Schnittpunkt Magdeburg durch das Land führenden Route. Spuren der Romanik finden sich aber wesentlich mehr - sowohl im heutigen Sachsen-Anhalt, als auch in angrenzenden Bundesländern. Manch ein bedeutendes Objekt, das zu DDR-Zeiten noch zum Bezirk Halle oder Magdeburg gehörte, hat seit der jüngsten Gebietsreform einen neuen Landesherrn, so der Kyffhäuser und der Ort Göllingen. Das Territorium, in dem sich Kunstschätze und Baudenkmäler aus der Zeit der Romanik noch immer häufen, kennt keine Grenzen, wie sie die Bundesländer heute ziehen, sondern geht im wesentlichen auf das ehemalige Ostfalen zurück.

Das Interesse an dieser großen kunstgeschichtlichen Epoche - nicht zuletzt auch durch Projekte wie „Straße der Romanik durch Sachsen-Anhalt“ und „Wege in die Romanik in Niedersachsen“ - ist gewachsen und beschränkt sich weder auf vorgegebene Objekte, noch auf verwaltungspolitisch abgesteckte Gebiete. Der große Erfolg des Taschenbuch-Reiseführers „Auf der Straße der Romanik“ zu allen offiziellen 72 Objekten in Sachsen-Anhalt veranlaßte den Verlag dazu, im Umfeld auf romanische Entdekkungsreise zu gehen. Deshalb liegt nun neben einer völlig überarbeiteten und um knapp 50 Seiten erweiterten Auflage des offiziellen Reiseführers auch dieser Ergänzungsband mit dem Titel „Links und rechts der Straße der Romanik“ vor. Hier haben solche romanischen Bauwerke Sachsen-Anhalts Eingang gefunden, die nicht das Glück hatten, in die Straße der Romanik aufgenommen zu werden, wie die Stadtkirche St. Marien in Freyburg oder die bemerkenswerte Dorfkirche in Hämerten. Ebenso enthält der Reisebegleiter bedeutende Romanik-Beispiele angrenzender Länder, die sozusagen als Wegesabweichung von

Übersichtskarte
Links und rechts der Straße der Romanik

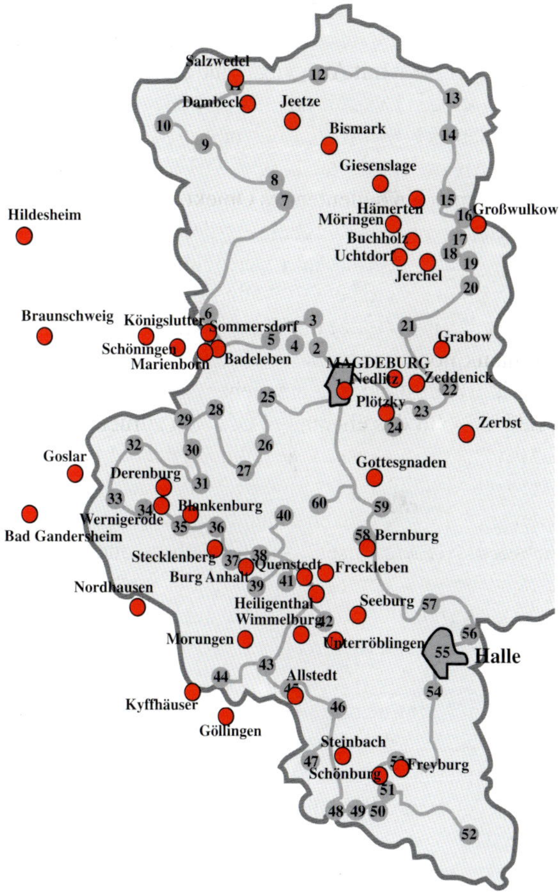

der offiziellen Straße schnell zu erreichen sind. Zu ihnen gehört die Stiftskirche Königslutter, die gerade mit ihrer berühmten Bauplastik viele Kirchenbauten des heutigen Sachsen-Anhalts beeinflußt hat.
Beide Bände vermitteln einen detaillierten Überblick über den heutigen Bestand romanischer Kunst im enger gefaßten mittleren Deutschland, ohne den Anspruch auf Vollständigkeit erheben zu wollen. Und um neben den Baubeschreibungen auch einen Blick hinter die geschichtlichen Kulissen zu ermöglichen, komplettiert der Verlag das Thema mit dem kleinen Heft „Romanik in Sachsen-Anhalt und Niedersachsen". Da es sich um Reiseführer handelt, kommen praktische Informationen natürlich nicht zu kurz, die aktuell mit Unterstützung der örtlichen Fremdenverkehrsämter, -vereine und Kurverwaltungen gesammelt wurden bzw. auf der Erfahrung der Autoren beruhen.

Links und rechts der Nordroute

Magdeburg

Halle Buttergasse

Bei archäologischen Forschungen nach dem II. Weltkrieg fand W. Priegnitz am nördlichen Rand des Alten Markts eine unterirdische Halle. Die relativ hohe und auch weiträumige vierschiffige Halle ist kreuzgratgewölbt und ruht auf drei Stützenreihen. Die mittlere bildet sich aus sechs gemauerten Säulen etwa entlang der Mittelachse, die beiden äußeren bestehen aus Pfeilern auf quadratischem Grundriß. Da die Gratgewölbe viereckig in die Stützen einfließen, vermitteln bei den runden Säulen flache Kapitelle. Diese bestehen aus mehreren Sandsteinplatten und sind an den Ecken so angeschrägt, daß jeweils eine Art Zwickel entsteht. Nach Norden schließen sich noch Tonnengewölbe an.

Die Halle in der Buttergasse entstand wahrscheinlich kurz nach 1200 als Kauf- oder Lagerhalle einer bedeutenden Innung. Es kann aber auch sein, daß sie der Stadtpräfekt als Versammlungsraum nutzte. Heute befindet sich hier ein Restaurant.

Ebenfalls gastronomisch genutzt wird das einfache romanische Gewölbe des Ratskellers. Der Raum stammt vermutlich aus den Jahren zwischen 1230 und 1240. Er besteht aus zwei nebeneinander verlaufenden, 41 Meter langen Rundtonnen, die von Quertonnen durchdrungen werden. Die zweischiffige Halle wird in der Länge durch eine Reihe achteckiger Stützen mit spätromanisch profilierten Kämpfern geteilt, die durch Füllhornformen den Anschluß zum Viereck des Gewölbes herstellen.

Sommersdorf

Sommerschenburg

Die Sommerschenburg mit romanischem Bergfried

Wahrscheinlich stammt die ursprünglich zweiteilige, weiträumige Burganlage aus dem 10. Jahrhundert. Sie gehörte den Grafen von Walbeck, die sich nach einer erneuten Belehnung durch Heinrich IV. dann Grafen von Sommerschenburg nannten und ab 1088 die Pfalzgrafenwürde für Sachsen inne hatten. Als 1179 mit Adalbert von Sommerschenburg der letzte seines Geschlechts starb, verkaufte seine Schwester Adelheid, Äbtissin in Quedlinburg, das Land an den Erzbischof von Magdeburg. Trotzdem stellte Heinrich der Löwe von Braunschweig Ansprüche auf das Gebiet und führte 29 Jahre lang erbitterte Kämpfe darum.

An der Südseite der ehemaligen Kernburg, der höchstgelegenen Stelle der Anlage, erhebt sich ein mächtiger Bergfried als einziges Relikt der mittelalterlichen Sommerschenburg. Der dreistöckige Turm aus Quadermauerwerk weist neben qualitätvoll bearbeiteten Sandsteinen als Eckverbände auch Fenster- und Portaleinfassungen auf. Im Untergeschoß befindet sich das ehemalige Burgverlies, das im Einstieg eine Mauerstärke von beachtlichen vier Metern aufweisen kann. Gefangene wurden seinerzeit 8,50 Meter in die Tiefe gelassen, wo ihnen ein feuchtkalter Raum mit einer Grundfläche von 3,20 Meter Länge und 2,20 Meter Breite zur Verfügung stand. An Flucht war da wohl nicht zu denken. Das Verlies diente als eine Art Untersuchungshaftanstalt, da die Sommerschenburger auf Grund ihrer Pfalzgrafenwürde in Anwesenheit des Königs

in ihrer Region Recht sprechen durften. Bis der König kam, verblieb der Gefangene im Verlies.
Der insgesamt 25 Meter hohe Bergfried diente der Verteidigung, war aber auch Wohnturm und wurde im Belagerungsfall als letzte Zufluchtsstätte genutzt, so wie es bei mittelalterlichen Burgen üblich war. Zu diesem Zweck war er im zweiten Geschoß mit Aborterker und im dritten mit einem Kamin ausgestattet. Das ehemalige großflächige Burggelände ist heute noch erkennbar, und auch die Gräben und Wälle zur ebenen Seite hin sind erhalten.
1814 schenkte König Friedrich Wilhelm III. das Gut dem Generalfeldmarschall Neidhardt von Gneisenau, der im benachbarten Park in einem Mausoleum bestattet worden ist.

Badeleben

Dorfkirche

Die Dorfkirchen des ehemaligen heißumkämpften Grenzlandes der Sommerschenburger Pfalzgrafen sind sich in einem ähnlich: Alle demonstrieren mit ihren trutzigen Westbauten größte Wehrhaftigkeit. Wie in Badeleben sind die Kirchen meist kleine, flachgedeckte Feldsteinbauten auf rechteckigem Grundriß mit querrechteckigem Westturm in Schiffsbreite.
Der Westturm in Badeleben wurde um 1200 errichtet. Er besteht aus sorgfältig behauenen Sandsteinquadern. Die Eckbinder sind tadellos bearbeitet und reichen an den Ostecken bis zum Boden. Davon läßt sich

Dorfkirche Badeleben

ableiten, daß das Kirchenschiff erst später an den zweistöckigen Westturm angefügt wurde. Von dem in Räume unterteilten Untergeschoß führt eine Treppe ins zwischenwandlose Obergeschoß, wo lediglich ein kleiner Schlitz im Mauerwerk etwas Licht einläßt. Dieser Fenstermangel ist darauf zurückzuführen, daß der Turm in Notzeiten als Zufluchtsstätte benutzt wurde. Vielleicht diente er aber auch den Rittern von Badeleben als eine Art „kleine Burg“, um als Mannen der Sommerschenburger Grafen die Ausfallstraße nach Ummendorf und Seehausen überwachen zu können.
Der Altar, dessen Bauweise wenigstens in ähnlicher Form auch in den umliegenden Kirchen zu finden ist, besteht aus einem romanischen Block mit gespitzten Sandsteinquadern. Die Platte lädt mit 1.44 Meter weit aus und besitzt eine flache Kehle sowie Weihekreuze. Außerdem befindet sich hier ein Reliquiengrab aus der Erbauungszeit (um 1200).

Marienborn

Stiftskirche

Ein Augustinerinnen-Stift entwickelte sich in Marienborn zwischen 1230 und 1250 vermutlich aus einem Hospital, das Erzbischof Wichmann Ende des 12. Jahrhunderts gegründet hatte. Trotzdem datiert man heute den Baubeginn der Kirche St. Marien noch in das ausgehende 12. Jahrhundert. Die ehemalige Stiftskirche wurde in einfacher Bauart einschiffig mit eingezogenem Chor und halbkreisförmiger Apsis errichtet. Erhalten blieben vor allem der fast quadratische und ursprünglich kreuzgratgewölbte Chor, der inzwischen dem Turm als Unterbau dient sowie das Schiff. An dessen Südseite befindet sich ein rundbogiges Portal, die Priesterpforte. Sie ist in das Mauerwerk zurückgesetzt und von eingestellten Säulen mit Kelchblockkapitellen flankiert. Als Zierde dienen, ebenso wie an den Kämpfern, Ornamente in Palmettenform. Ein Palmettenfries zieht sich außerdem um das Tympanon. Das Portal wird vom reichausgebildeten Sockelprofil umlaufen, ein Hirsauer Gestaltungsmittel, wie es auch im nicht weit entfernten Königslutter zu finden ist. Unter dem

Hauptgesims umläuft ein Rundbogenfries das Schiff, dessen für 1257 angegebene Weihe jedoch nicht belegt ist. Die Gotik brachte größere Umbauten mit sich. So hat man etwa in der zweiten Hälfte des 14. Jahrhunderts über dem Chor den kurzen Turm errichtet, der im 17. Jahrhundert erhöht und durch die Haube mit offener Laterne ergänzt wurde. 1410 fiel die Ostapsis der Spitzhacke zum Opfer, um Platz für eine Chorverlängerung zu schaffen. Diese Erweiterung verschwand jedoch während einer Restaurierung durch C.A. Stüler 1885, während man das Chorjoch zu einer Eingangshalle umbaute. Sozusagen als romanischer Ersatz wurde am Westende des Schiffes eine Apsis errichtet.
Zur Ausstattung gehört u.a. ein spätgotischer Schnitzaltar mit Maria und dem Kind im Strahlenglanz, getragen von je zwei Engeln oben und unten sowie gesäumt von je zwei Heiligen, in übereinander angordneten separaten Gefachen. In den Altarflügeln befinden sich je acht Heilige. An der Nordwand ist ein zweiter, kleinerer Schnitzaltar aus dem beginnenden 16. Jahrhundert zu bewundern, der große Ähnlichkeit mit dem Hauptaltar besitzt, nur daß Maria hier festen Boden unter den Füßen hat, und in den Flügeln lediglich je vier Heilige dargestellt sind.

Königslutter

Stiftskirche

In der ersten Hälfte des 11. Jahrhunderts gründeten die Grafen von Haldensleben Bernhard I. und dessen Sohn Bernhard II. in Lutter ein Kanonissenstift für „gottgeweihte Jungfrauen". Solch ein Kanonissenstift unterschied sich von Klöstern durch eine gewisse Lockerung der strengen Nonnenregeln; man lebte gemeinsam und hielt Chorgebet, durfte aber bescheidenen Besitz pflegen und das Stift gelegentlich verlassen, unterlag also nicht der strengen Klausur der Nonnen. Als Stiftskirche diente vorerst St. Clemens. Über den Verlauf der nachfolgenden etwa 100 Jahre sind sich die Wissenschaftler nicht einig. Vermutlich gab es noch ein Augustinerinnenstift, vielleicht blieben die Kanonissen auch bis 1135. Fest steht jedenfalls, daß Kai-

Ehemalige Stiftskirche in Marienborn

ser Lothar III. von Süpplingenburg in eben diesem Jahr das bestehende Damenstift auflöste und eine Benediktinerabtei mit der Stiftskirche St. Peter und Paul ins Leben rief. Der Grundstein für die repräsentative Stiftskirche wurde noch im Juli 1135 in Anwesenheit des Kaiserpaares Lothar und Richenza gleich neben der St.-Clemens-Kirche gelegt. Diese blieb bis 1752 die Pfarrkirche des kleinen Ortes und wurde erst dann wegen Baufälligkeit abgerissen. Der Turm stand übrigens noch etwa 70 Jahre länger.
Den neuen Konvent holte Lothar vom bereits Hirsaureformierten Kloster Berge bei Magdeburg und stattete seine Gründung reich mit Besitztümern und Ländereien aus. Auf dem Höhepunkt seiner Macht sollte es seiner Hausabtei und der künftigen Grablege an nichts fehlen. Macht und Reichtum mußten sich auch im Bau der Stiftskirche ausdrücken, wofür der deutsche Kaiser oberitalienische Steinmetzen mit abendländisch höchstem künstlerischen Ruf an den Elm rief. Die Steinbrüche des Elms lieferten den markanten Muschelkalk und die Wälder des kleinen Höhenzugs hielten das benötigte Bauholz bereit. Viel Freude hat Lothar allerdings an seiner Stiftskirche nicht gehabt, denn schon vom Sarazenen-Feldzug gegen Roger II. kehrte er nicht lebend zurück. Auf dem Heimweg verstarb er am 3. oder 4. Dezember 1137 in Breitenwang bei Reutte (Tirol). Der Leichnam wurde in der Silvesternacht in der erst begonnenen Stiftskirche beigesetzt - wahrscheinlich unter einem provisorischen Dach. Lothars Schwiegersohn und Nachfolger Heinrich der Stolze (Vater Heinrichs des Löwen) starb 1139. 1141 folgte Kaiserwitwe Richenza in den Tod. Beide sind neben dem Stifter zur Ruhe gebettet. Daß Lothar und seine Gemahlin den ergeizigen Kirchenbau nicht selbst vollenden konnten, drückt sich noch heute deutlich in der Bauausführung aus, die man grob in zwei Phasen gliedert: Im ersten Abschnitt entstanden die gewölbten und in künstlerischer Vollendung durch die oberitalienischen Meister geschaffenen wie verzierten Ostteile sowie Ansätze für die geplante Langhauswölbung; im zweiten Abschnitt errichtete man den Westriegel und vollendete das Langhaus mit flacher Holzdecke, wobei äußerlich in empfindlichem Maße auf schmuckvolle Gliederungselemente verzichtet wurde,

abgesehen vom zeitgleich zum Ostbau entstandenen Löwenportal. Das heutige Kreuzgratgewölbe des Langhauses ist ein Produkt des 17. Jahrhunderts, die kurzen Westtürme stammen aus dem 15. Jahrhundert.
Die ehemalige Stiftskirche St. Peter und Paul ist heute eine dreischiffige, kreuzförmige Pfeilerbasilika mit gewölbtem Lang- und Querhaus, Vierungsturm und sächsischem Westriegel. Der dreischiffige Chor mutet ebenfalls basilikal an, besitzt also einen die Nebenchöre optisch kaum überragenden Hauptchor. Alle drei Schiffe schließen apsidial, und auch an die Querhausarme fügen sich nach Osten hin halbkreisförmige Apsidiolen an, so daß der Ostbau insgesamt fünf Apsiden zählt. Die zwei Geschosse der Hauptapsis sind von außen durch einen Rundbogenfries voneinander getrennt, der durch Pilaster mit korinthisierenden Kapitellen Verbindung zum mehrfach gegliederten, umlaufenden Sockel hat. In die Bogenfelder des Frieses sind Reliefs mit Jagdszenen eingearbeitet, jeweils durch eine Rosette unterbrochen. Dieses Königslutterer Jagdfries gehört zu den berühmten Besonderheiten der Stiftskirche; eine motivische Kennform des Nikolaus überhaupt. Die verschiedenen Jagdszenen ziehen sich inhaltlich von den Seiten in die Mitte und zeigen neben den gewöhnlichen Darstellungen (die Jäger stoßen ins Horn, der Hund reißt einen Eber und jagt einen Hirsch) auch Ungewöhnliches. So trägt ein Jäger einen Hasen davon und auf dem nächsten Bild wird der Jäger von zwei Hasen überwältigt und gefesselt, ohne daß - bedingt durch den Bauch der Apsis - die Anbläser diesen unerwarteten Jagdausgang bemerken könnten. Ob nun die Menschen im Mittelalter schon viel mehr Witz und Humor hatten, als wir ihnen heute vielleicht zugestehen möchten, oder ob es sich um Globales und Tiefsinniges handelt, um das alte Thema des Sieges von Gut über Böse, bleibt Spekulation. Rätselhaft und vielleicht die feine Schalk-Theorie unterstreichend, ist auch die über dem Fries in gespiegelter Form angebrachte Inschrift + HOC OPVS EXIMIVM VARIO CELAMINE MIRVM + SC (Dieses besondere Werk, durch mannigfaches Relief wunderbar...). Wenn man davon ausgeht, daß SC der Beginn von sculpsit (geformt) ist, hat der Meister die Inschrift genau dort abrupt beendet, wo

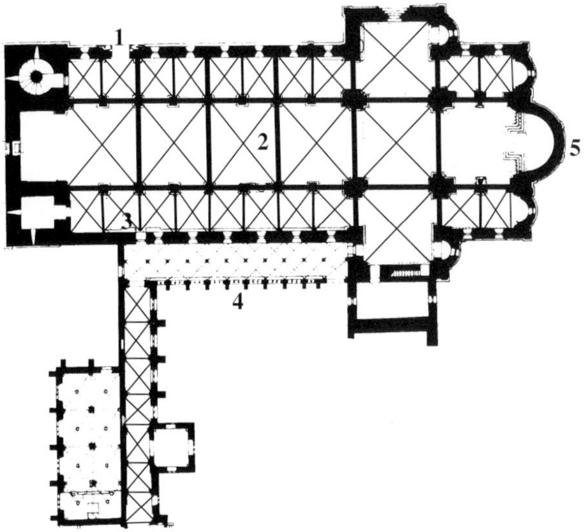

Grundriß der Stiftskirche Königslutter

1	**Löwenportal**	2	**Kaisergrabmal**
3	**Original-Löwen**	4	**Kreuzgangarm**
5	**Hauptapsis mit gefülltem Rundbogenfries**		

sein Name hingehört. Auch dieser Umstand ließ die Köpfe rauchen, bis man vor wenigen Jahren den Schlüssel zum Chiffre fand. Das Relief mit dem hasendavontragenden Jäger bricht als einziges aus dem Bogenfeld aus und steht genau unter der für den Namen des Schöpfers leergebliebenen Stelle der Inschrift. Der Meister hat sich also selbst dargestellt, in diesem Fall als sogenannter „Hasenbesieger", für den im Griechischen „Nikolagos" steht. Der Männername Nikolaus heißt auf griechisch „Nikolaos", womit wir schon am Ziel sind. Der berühmte oberitalienische Steinmetz Nikolaus, ein Schüler des Modeneser Meisters Wiligelmus, hat sich hier verschlüsselt verewigt. Von Nikolaus und seinen Werken war Kaiser Lothar außerdem schon während seiner Italienreise 1132/33 angetan, wo er den Meister möglicherweise kennenlernte. Unübersehbar ist außerdem die Ähnlichkeit des Königslutterer Jagdfrieses mit Nikolaus'schen Friesen in Italien, wie an den Domen Ferrara, Verona und Piacenza. Über der

Löwen-Kopie

Inschrift umzieht ein Akanthusblattkranz mit daraufliegendem Perlstab das Halbrund der Hauptapsis, die im zweiten Geschoß drei große rundbogige Fenster mit stark profilierten Laibungen besitzt. Westbau und Langhaus - beide stammen aus der zweiten Bauphase - sind äußerlich geprägt von einer beinahe gliederungslosen Strenge und Gleichförmigkeit, die lediglich am Obergaden durch einen abgetreppten Rundbogenfries unterbrochen wird. Die Nordseite der Stiftskirche erfährt eine optische Aufwertung durch zwei Portale. Am Querhausarm ermöglicht das Marienportal den Besuch des Kircheninneren. Es ist dreifach zurückgestuft und wird von je drei voll ausgebildeten Gewändesäulen auf jeder Seite begrenzt. Das Portal unterbricht übrigens nicht den Sockel, sondern „schiebt" sich darunter wie unter eine Zeltleinwand. Der Sockel wird also um den Türbogen, den ein Tympanon ziert, herumgeführt, was als ein typisches Bauelement der Hirsauer Reformbewegung gilt. In das nördliche Seitenschiff führt das berühmte Löwenportal, das schon wegen seiner großzügigen Rahmung der eigentlichen Türöffnung auffällt. Zwei dämonisch dargestellte, bedrohlich und aggressiv wirkende Löwen liegen längs zur Flucht der Seitenschiffsaußenwand links und rechts neben der Tür; sehr dicht am Passanten. Doch man gelangt ungeschoren an den beiden vorbei, da jeder von einer Säule mit verziertem Schaft niedergehalten wird und außerdem schon Beute geschlagen hat (Widder und Mensch) Die Löwen-Plastiken sind Kopien (19. Jahrhundert) der Originale im südlichen Sei-

Stiftskirche Königslutter von Osten

tenschiff. Sie stammen höchstwahrscheinlich auch von Nikolaus, da dieser das Motiv oft verwendet hat. Zudem entstand das Portal nachweislich noch in der ersten Bauphase und wurde vermutlich erst später in die Seitenschiffswand eingebaut. Das Portal ist ebenfalls bis zur Öffnung in die Mauer zurückgestuft und vom Sockel umlaufen. Dieser überläuft zuerst jeweils im kleinen Halbkreis die Löwen, bevor er im größeren Bogen das Portal einschließt.

Im Inneren zieht besonders der basilikale Chor die Aufmerksamkeit auf sich. Die Nebenchöre öffnen sich zum Hauptchor in gestuften Doppelarkaden, die den Anschein erwecken, daß es sich bei den drei Schiffen um jeweils eigenständige Bauwerke mit ringsherum eigenen Außenmauern handelt. Dieser Eindruck entsteht durch eine Schichtung der sehr starken Wand im Arkadenbereich. Sie wird zu den Nebenchören hin nämlich von je einem Pfeiler und zum Hauptchor hin von je einer Säule getragen, auf denen relativ große Kapitelle mit üppigem Blattwerk liegen, aus dem hier und da Köpfe von Menschen und Tieren (Hunde/Wölfe) schauen. Nikolaustypisch sind auch die prächtigen Schlußsteine, die hier - bei fehlenden Rippen - der Zierde dienen. Der Chor beeindruckt im ersten Moment durch die in kräftigen Farben gehaltene Ausmalung, die der Braunschweiger Hofdecorationsmaler A. Quensen in den Jahren 1891-1894 nach Skizzen Augusts von Essenswein schuf. Von einer originalen Wandmalerei des 13. Jahrhunderts waren ganz geringe Reste entdeckt worden, die für eine Rekonstruktion der ursprünglich sicher großflächigen Ausmalung nicht ausreichten. Die Phantasiemotive Essensweins, besonders deren Aufteilung und Ausführung, wurden von der Fachwelt teils hingenommen, teils kritisiert. Dargestellt sind u.a. vier Heilige zwischen den Fenstern der Hauptapsis, darüber Christus thronend, flankiert von Petrus und Paulus sowie an den Pfeilern des Chorzugangs links Lothar III. und rechts Gemahlin Richenza.

Das Langhaus besitzt acht Pfeilerarkaden, in die durch den Wechsel der Kämpferprofile wenigstens ein leichter Rhythmus kommt. Die um 1695 eingebaute kreuzgratgewölbte Decke geht auf den Barock-Architekten Joh. F. Wendt zurück, der die Scheitelpunkte der Gewölbe nach Art der Gotik, auch des Barock, mit zapfenförmigen Schlußsteinen versah. Auf dem westlichen ließ er das Baudatum und seinen Namen anbringen. Die Vorgängerdecke war 1690 eingestürzt und hatte die Kaisertumba zertrümmert, deren Reste im Westwerk zu sehen sind. Während man früher davon ausging, daß die romanische flache Holzdecke diese Verwüstung anrichtete, glaubt man heute, daß es sich um ein schon im 15. Jahrhundert eingezogenes Rippengewölbe gehandelt haben muß. Der sich ans Mittelschiff anschließende Westbau öffnet sich zu diesem in zwei Geschossen mit jeweils nur einem großen Rundbogen, hinter dem sich je ein kleiner tonnengewölbter Raum befindet.

Viele per Chronik belegte Ausstattungsstücke sind verschollen. So präsentiert sich die Stiftskirche heute eher mit quantitativ kärglicher Ausstattung, zu der aber im Chor ein romanischer Osterleuchter (12. Jahrhundert) von hoher Qualität gehört. Ein Marmorschaft erwächst aus einem kreuzförmigen, hausähnlichen Unterbau aus Elmkalkstein. Höchstwahrscheinlich ist er einem der lombardischen Meister aus der ersten Bauphase zuzuschreiben. Ein weiterer romanischer Leuchter aus bergkristallbesetzter Bronze wird im Pfarrhaus gut verwahrt und ist zu besonderen Anlässen zu sehen.

An den südlichen Querhausarm schließt sich ein tonnengewölbter Raum an, die romanische Sakristei. Vom ehemaligen Kreuzgang sind noch der West- und der Nordflügel erhalten, wobei die mit Abstand größere Aufmerksamkeit der Nordflügel verdient, der sich parallel an das südliche Seitenschiff anlehnt. Er besteht aus zwei kreuzgratgewölbten Schiffen und öffnet sich in rundbogigen Arkaden dem früheren Innenhof. Die zehn mittleren Säulen sind in faszinierender Weise an den Schäften aufwendig mit Flechtwerk, Spiralen, Ornamentlaub u.a. verziert. Die außergewöhnlich plastisch ausgeführten Kapitelle zeigen korinthisierende Motive und Palmettenfächer. Auch hier läßt die auffallende künstlerische Reife und Motivwahl dieselben oberitalienischen Meister erkennen, die diese Bestandteile des erst in der zweiten Bauphase entstandenen Kreuzganges wohl vorgearbeitet haben. Die

Motiv aus dem gefüllten Rundbogenfries an der Hauptapsis: Die Hasen bezwingen den Jäger

vergleichsweise schlichte und strenge Ausführung des Westflügels, der vermutlich komplett erst später geschaffen wurde, spricht dafür. Vom Westflügel reicht noch ein Brunnenhaus auf quadratischem Grundriß in den Bereich des früheren Innenhofes hinein.
Die Stiftskirche Königslutter wirkte noch bis zum Ende der Romanik stilprägend und beeinflußte die sakralen Bauten der weiteren sächsischen Region vor allem durch die oberitalienischen Novitäten, wie die Plastiken an den Ostteilen, das Löwenportal, die plastischen Formen der Kreuzgangkapitelle, die anspruchsvolle Mauertechnik der Ostteile und die in Sachsen bis dato praktisch unbekannte Einwölbung der Schiffe. Der Braunschweiger Dom oder die Burg Dankwarderode, die Klosterkirche Hecklingen oder die Doppelkapelle in Landsberg, St. Michael in Hildesheim oder die Domvorhalle, die Neuwerkkirche und die Frankenberger Kirche in Goslar sind nur einige Beispiele für den Einfluß.

Hildesheim

Dom St. Maria

Schon Karl der Große hatte mit dem Gedanken gespielt, im Bereich des heutigen Hildesheim ein Bistum zu gründen und traf die ersten Vorbereitungen für diesen Schritt. Kaiser Ludwig der Fromme war es dann, der vermutlich 815 den 780 im Zuge der Christianisierung der slawischen Gebiete geschaffenen Missionsbezirk an der Innerste zum sogenannten „Sachsenbistum" Hildesheim umwandelte. Zwar sind die Anfänge Hildesheimer Geschichte nicht mit Sicherheit bis ins Detail geklärt, doch gehen die Historiker heute allgemein davon aus, daß damals südlich einer Handelssiedlung (Wik) ein befestigter Bischofssitz mit Dom errichtet wurde, die Domburg. Das Vorhandensein des Wik ist zwar noch nicht durch Ausgrabungen bewiesen, aber durch schriftliche Quellen überliefert worden. Der Wik lag an einer Innerste-Furt, an der der Hellweg (Handelsstraße aus dem Rheinland nach Magdeburg) das Flüßchen durchquerte. Ein Teil der Straße „Alter Markt" ist mit der damaligen Trasse noch identisch. Die Siedlung wuchs und dehnte sich im 11. Jahrhundert weiter nach Osten hin aus. Es entstanden die St.-Andreas-Kirche, ein Marktplatz und das erste Rathaus (Bereich Hoher Weg). Hildesheim entwickelte sich zu einem Zentrum der klerikalen Macht. Ausdruck dessen sollte eine Vielzahl von Kirchen und Klöstern werden, die in den Jahren des Pontifikats der Bischöfe Bernward (993-1022), Godehard (1022-1038), Azelin (1044-1054), Hezilo (1054-1079) und Bernhard (1130-1153) entstanden. Aus der Luft besehen wie zu einem Kreuz angeordnet, wuchsen im Norden St. Michael, im Osten St. Bartholomäus (verschwunden) sowie die Kirche zum Heiligen Kreuz, im Süden St. Godehard und im Westen (jenseits der Innerste) St. Mauritius aus dem Bistumsboden - alle rings um den Dom angeordnet, der das Zentrum dieses topographischen Kreuzes bildet.

Der Hildesheimer Dom St. Maria wurde im zweiten Weltkrieg während des schweren Bombenangriffs am 22. März 1945 sehr stark beschädigt. Lediglich die Turmfront, das südliche Seitenschiff und die südliche Mittelschiffswand sowie Teile der Grundmauern (besonders im Osten) blieben stehen. Der aufwendige Wiederaufbau des einstmals romanischen Domes dauerte bis 1960 und versetzte das Bauwerk aus dem „Bettelstand“ einer Ruine wieder in den Zustand seiner einstmaligen Blütezeit, indem man sich besonders bei der Rekonstruktion des Westriegels am Mindener Dom orientierte, der als Nachfolgebau des Hildesheimer Doms gilt. Wegen Baufälligkeit war der Westriegel 1840/41 samt „Neuem Paradies“ abgerissen und zwischen 1842 und 1849 in veränderter Form neu errichtet worden. Auch eine im 18. Jahrhundert durchgeführte Barock-Metamorphose hat man nach dem Weltkrieg rückgängig gemacht. So ist der Hildesheimer Dom heute zwar wieder schön anzusehen. Von übermäßiger kunstgeschichtlicher Bedeutung ist der Bau selbst aber durch die eingreifenden Veränderungen und Rekonstruktionen nicht mehr. Dafür besitzen die hier verwahrten, meist romanischen Kunstschätze höchsten Rang.

Der heutige Hildesheimer Dom stellt eine kreuzförmige, dreischiffige Basilika dar, die aus Werk- und Bruchsandstein errichtet wurde. Der vorgelagerte Westriegel besitzt eine tiefe Vorhalle mit Stufenportal und außerdem an den Seiten jeweils einen Treppenaufgang. Die Arkaden des Langhauses weisen sächsischen Stützenwechsel auf, der zum durchlaufenden Querhaus führt, mit dem es die beinahe quadratische, nicht ausgeschiedene Vierung bildet. Die östlichen und westlichen Vierungsvorlagen fehlen. An den südlichen Querhausarm schließt sich die Sakristei und an den nördlichen das zweistöckige Neue Paradies an, dem lückenlos nach Osten hin eine kleine Kapelle folgt. In der Flucht der romanischen Querhausstirnen erstrecken sich parallel zu den Seitenschiffen je eine Reihe gotischer Kapellen. Dieser bauliche Zusatz erweckt den Eindruck einer insgesamt fünfschiffigen Anlage. Der zur Vierung leicht eingezogene quadratische romanische Chor besitzt als Ostschluß eine halbkreisförmige Apsis. Unter dem ebenso wie die Vierung auf deutlich erhöhtem Niveau im Vergleich zum Fußboden des Mittelschiffs liegenden Chor befindet sich die romanische Krypta. Das Kreuzgratgewölbe der dreischiffigen, siebenjochigen Halle ruht auf kurzen Säulen mit erneuerten Würfelkapitellen. An den

Wänden dienen Vorlagen als Gewölbestützen. Auch die Krypta schließt nach Osten mit einer romanischen Apsis. Gleich hinter dem Dom öffnet sich in östliche Richtung der dreiflüglige und zweigeschossige Kreuzgang, auf dessen Hof die gotische St.-Annen-Kapelle frei steht. Etliche Teile dieses schon von seiner Ausdehnung beeindruckenden Kreuzganges stammen noch aus der Erbauungszeit etwa Mitte des 12. Jahrhunderts. Die beiden längeren Seiten der Anlage, also im Norden und im Süden, öffnen sich im Erdgeschoß in weiten Rundbogenarkaden. Die Obergeschosse sind dagegen etwas feiner gegliedert mit zahlreichen kleinen Arkaden, die ihrerseits von jeweils zwei Säulchen zwischen Pfeilern geteilt werden. Während die kleinen Säulen auf attischen Basen ruhen und Würfelkapitelle tragen, besitzen die Pfeiler einfache Kämpfer. Ähnlich gestaltet ist der kürzere Ostflügel, nur öffnet sich hier das obere Geschoß in gleichförmigen Arkaden auf kämpferlosen Pfeilern.
Östlich der Sakristei lehnt sich an die Kreuzgangmauer die romanische Laurentiuskapelle. Bischof Udo ließ sie Anfang des 12. Jahrhunderts errichten. Er starb 1114 und wurde hier bestattet. Zahlreichen weiteren Domherren diente die Kapelle als Begräbnisstätte. Besondere Beachtung findet die Laurentiuskapelle unter Kunsthistorikern vor allem wegen der mit Masken, Drolerien und pflanzlichen Motiven verzierten Kapitelle. Sie verkörpern neben den großen Würfelkapitellen in der Quedlinburger Stiftskirche eine Stilstufe vor Königslutters dann prägender Ornamentik und stellen damit einen wichtigen Meilenstein in der Entwicklung romanischer Bauornamentik in Mitteldeutschland dar. Die Laurentiuskapelle dient heute als Sakristei und ist nicht zu besichtigen.
Von der Ausstattung sucht der vorbereitete Kunstreisende sicher zuerst die berühmte Bronzetür des Bischofs Bernward auf, die in das Hauptportal der Westvorhalle eingebracht und mit ihren Bildfeldern nach innen gerichtet ist. Im Jahre 1015 sind die beiden Flügel je in einem Stück gegossen worden und waren laut Inschrift im mittleren Querbalken für die „Front der Engelskirche“ bestimmt. Dort, also in St. Michael, war sie zuerst (möglicherweise getrennt) eingebaut, bevor sie um 1035 in den Dom ge-

Dom zu Hildesheim mit dem markanten Westriegel

langte, was sich jedoch nicht nachweisen läßt. Manche Kunsthistoriker vertreten gar die Ansicht, daß die Tür nie in St. Michael war. Vielleicht hängt die Verbindung zu St. Michael auch damit zusammen, daß die Arbeitsanleitung für das besondere Bronzegußverfahren der Tür nachweislich nicht im Dom, sondern eben in St. Michael behütet wurde. Die feinen Formen der künftigen Bronzetür wurden zuerst in Wachs modelliert. Sand und Ton bildeten die hitzebeständigen Formmaterialien. Die flüssige Bronze schmolz dann das Wachs und füllte die verbleibenden Hohlräume aus. Die 16 Bildfelder der beiden Türflügel sind reliefartig ausgeführt, wobei sich bei den dargestellten Menschen das Relief teilweise bis zur Vollplastik steigert (besonders im Kopf-Bereich der Figuren), und bilden einen Zyklus. In diesem sind auf den querrechteckigen Bildreliefs biblische Szenen dargestellt von der Erschaffung Adams (1), der Begegnung mit Eva (2) und dem folgenden Sündenfall (3), dem Strafgericht über die Stammeltern und der Verurteilung Adams und Evas (4), über die anschließende Vertreibung aus dem Paradies (5) bis hin zum Erdenleben der Vertriebenen, wo Adam mit Spitzhacke arbeitend gezeigt wird, während Eva Kain stillt (6), mit dem Opfer Abels und Kains (7) sowie mit dem Brudermord (8). Der rechte Flügel zeigt von unten nach oben die Verkündigung (9), Christi Geburt (10), die Anbetung der drei Könige (11) und Jesu im Tempel (12), Christus vor Pilatus und Herodes (13), die Kreuzigung (14), die drei Frauen am Grab (15) und das Zusammentreffen mit Maria („Noli me tangere") sowie Christi Himmelfahrt (16). Beachtenswert ist vor allem die Komposition der Felder gegeneinander: links vom Paradies (oben) über den Sündenfall bis zum Brudermord (Szenen über das menschliche Verderben aus dem Alten Testament), rechts von der Verkündigung (unten) bis zu Christi Himmelfahrt (Neues Testament). Dies läßt auf einen göttlich-weltlichen Vergleich schließen, der die Unfehlbarkeit göttlichen Handelns einerseits sowie Fehlbarkeit menschlichen Tuns andererseits aufzeigt.
In der Kapelle des heiligen Georg, der ersten Kapelle von Westen her an der Nordseite des Langhauses, befindet sich ein weiteres kostbares Kunstwerk der späten Romanik mit

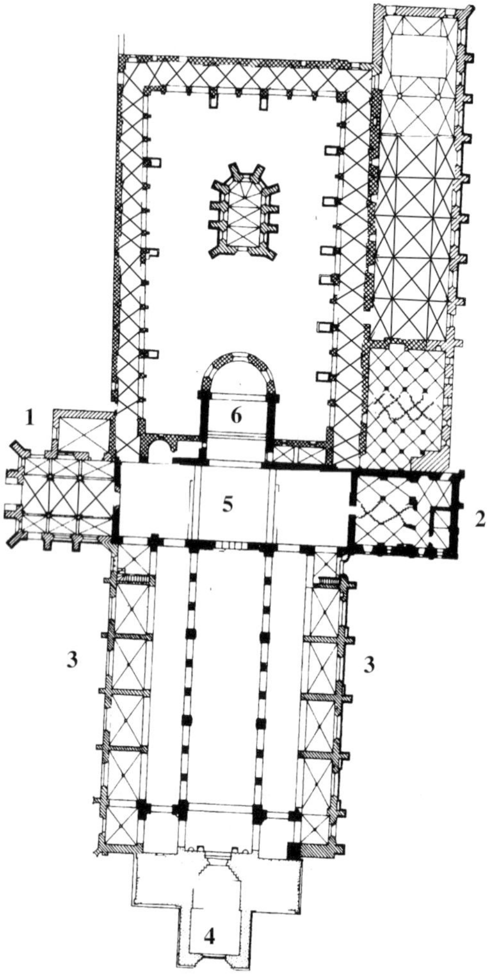

Grundriß des Hildesheimer Doms

1	Neues Paradies	2	Sakristei
3	Langhauskapellen	4	Bernwardstür
5	Hezilo-Leuchter	6	Epiphaniusschrein

frühgotischer Prägung. Das äußerst reich plastisch verzierte Taufbecken zeugt ebenfalls vom hohen Stand des Bronzekunstgusses im hochmittelalterlichen Hildesheim. Über das Jahr, in dem das Becken gegossen wurde, sind sich heute die Wissenschaftler uneins. Irgendwann zwischen 1225 und 1250 muß es gewesen sein. Am Kessel selbst wimmelt es geradezu von belebten und menschenreichen Szenen, wie die Taufe Christi, der Durchzug der Juden durch das Rote Meer sowie der Durchzug durch den Jordan, Maria mit den Dompatronen Epiphanius und Godehard. Am oberen Beckenrand befinden sich Dreipaßarkaden, von Säulen getragen, die aus vier weiblichen Halbfiguren erwachsen. Hierbei handelt es sich um Fortitudo (Tapferkeit), Temperantia (Mäßigkeit), Prudentia (Klugheit) und Justitia (Gerechtigkeit), alle gekennzeichnet durch eindeutige Attribute, wie Waage und Schwert. Auf dem Deckel des Taufbeckens sind der Kindermord zu Bethlehem, die büßende Sünderin, die thronende Misericordia und die Rute Aarons zu sehen. Das gesamte Becken wird von vier knienden Männern getragen, die die Paradiesströme personifizieren. Zur Ausstattung gehört in dieser Kapelle außerdem ein hölzernes Wandelkreuz aus der Zeit um 1130. An die Georgskapelle schließt sich die Kapelle der 10 000 Märtyrer an. Hier befindet sich aus spätromanischer Zeit eine Sandsteinplastik der Maria mit dem Kinde. An der Ostwand des nördlichen Querhausarms gelangt man in die kleine Kapelle des heiligen Ansgar, dem sie erst seit 1984 geweiht ist (davor war es die Cäcilienkapelle). Hier sind die 1981 wiedergefundenen Reliquien des heiligen Ansgar ausgestellt. Über der Kapelle hängt ein spätromanischer, lebensgroßer Kruzifix aus Lindenholz. Auf einer Brüstung im Querhaus sticht die Mariensäule (auch Irmensul) hervor, deren Entstehung im 12. oder 13. Jahrhundert angesiedelt wird. Ihr Schaft besteht aus zwei Teilen, die mit einem Ring zusammengehalten werden. Die Säule krönt ein metallenes Kapitell mit einem Holzpostament für die silberne Plastik einer Madonna. Diese stiftete jedoch erst 1741 Jobst Edmund von Brabeck. In der Vierung fällt der große romanische Rad-Leuchter auf. Der nach seinem Stifter benannte „Hezilo-Leuchter“ besteht aus Kupferblech und lädt im Radius beachtliche drei Meter aus. Der Reifen des Rades ist mit einer Wechselfolge von Türmen und Toren ergänzt. Diese tragen die Namen von Aposteln, Propheten und Tugenden des Alten Testaments. So entsteht im Lichterglanz das Bild des Himmlischen Jerusalems. Unter dem modernen

Hochaltar im Chor kann man den Epiphaniusschrein bewundern. Der hölzerne, mit versilbertem und vergoldetem Kupferblech beschlagene Schrein entstand etwa in der Mitte des 12. Jahrhunderts, wahrscheinlich noch in der ersten Hälfte. Der Schrein bewahrt die Gebeine von Bischof Epiphanius von Pavia (gestorben 496) auf, der als einer der Hauptpatrone des Domes gilt. Bischof Othwin von Hildesheim soll die Gebeine schließlich aus Pavia durch einen „frommen Diebstahl" besorgt haben. Äußerlich erinnert der Schrein an ein Gebäude, da der Deckel in der Form eines Satteldaches gearbeitet wurde. Die Längsseiten sind mit silbergetriebenen Hochreliefs verziert, die Christus einerseits mit den Klugen und den Törichten Jungfrauen, andererseits mit jenen Jünglingen zeigen, die im selben Sinn klug und unklug verfuhren. An den Giebeln befinden sich je drei Heilige: Epiphanius, Cosmas, Damian sowie Cancus, Cancianilla, Canicianus. In den Jahren 1959/60 hat man den Schrein restauriert, dessen ursprünglicher Schöpfer zwar nicht bekannt ist, jedoch der Nachfolge Rogers von Helmarshausen zugeschrieben wird. Im Chor erregt außerdem noch ein spätromanischer Bronzeadler Aufmerksamkeit, der auf einem Drachen steht.
Direkt zur Helmarshausen-Schule rechnet die Wissenschaft heute den Godehardschrein, der in der Krypta hinter einem modernen Gitter aufbewahrt wird und ähnliche Formen - bis hin zum Satteldach-Deckel - wie der Epiphaniusschrein aufweist. Der hölzerne Sarg ist mit vergoldetem Silberblech beschlagen und mit Bergkristallen besetzt. Über die Längsseiten läuft je eine Reihe Arkaden, in denen die insgesamt zwölf Apostel sitzen. Die eine Giebelseite zeigt den heiligen Bischof Godehard sowie Bernhard und wahrscheinlich Papst Innozenz II. (der Heiligsprecher). Die zweite Giebelseite ist stark beschädigt und läßt ein Jüngstes Gericht vermuten.
Als letztes sei noch eine dritte, berühmte und bedeutsame Bronzegußarbeit des Doms vorgestellt: Die Bernwardssäule im südlichen Querhausarm. An römische Tradition anknüpfend, stand hier die berühmte Trajanssäule mit ihrer Reliefspirale Pate. Etwa 1020 nahm das Kunstwerk die beeindruckende Form an, die beinahe im Original heute noch zu bestaunen ist. 1022 wurde die Säule in St.

Tausendjähriger Rosenstock an der Hauptapsis

Michael geweiht, wo sie hinter dem Kreuzaltar ihren Platz fand. Insgesamt 28 biblische Szenen winden sich den Schaft hinauf und zeigen u.a. die Taufe Christi im Jordan, die Berufung der ersten Jünger, die Heilung des Aussätzigen, die Enthauptung Johannis, die Heilung des Blinden, die Speisung der Fünftausend und den Einzug in Jerusa-

lem. Bis 1544 bildete den oberen Abschluß der Säule ein hohes Kruzifixus, das jedoch verschwunden ist. Verschollen blieb auch das Original-Kapitell, das 1737 verlorenging und 1871 durch das heutige ersetzt wurde. Dieses Kapitell stellt aber leider keine Kopie des alten dar.
Als wahre Fundgrube romanischer Kunst erweist sich der Domschatz im Diözesanmuseum, das sich an die Sakristei am südlichen Querhausarm anschließt. Hier befindet sich auch eine größere Anzahl äußerst wertvoller Kunstwerke aus der Bernward-Zeit, die heute zu den bedeutendsten Zeugen ottonischer Kleinkunst allgemein gezählt werden. So bewahrt das von Bischof Eduard Jakob Wedekin (1849-1870) gegründete Museum verschiedene kostbare Handschriften auf, wie das in einen Deckel mit byzantinischem Elfenbein gebundene Kleine Bernward-Evangeliar (9./10. Jahrhundert), das Guntbald-Evangeliar (1011), zwei Hezilo-Evangeliare (11. Jahrhundert) sowie ein sogenanntes Kostbares Evangeliar mit bedeutendem Miniaturenschmuck. Erwähnenswert ist das 1150 datierte Ratmann-Missale. Außerdem gehören zum Domschatz u.a. das Reliquiar Heiligtum Unserer Lieben Frau (um 815), die Krümme des Abtsstabes von Erkanbald (um 1000), zwei mit Inschrift versehene Bernwardsleuchter (um 1000), die ursprünglich ins Grab mitgegeben wurden, die sogenannte Große Goldene Madonna (Holzkern 1010/15), der Godehardstab (12. Jahrhundert), das im Sockel als Kuppelbau ausgeführte Oswaldreliquiar (1185-89) mit einer Krone, die wohl bereits aus der Jahrtausendwende stammt, ein Bischofsstab Ottos I. (um 1200), dessen Pontifikat aber erst zwischen 1260 und 1279 lag, sowie Reste des Gipsestrichs, der im 12. Jahrhundert in der Hauptapsis des Doms als Fußboden eingebracht worden ist.
Aus der Zeit der Romanik stammt vielleicht auch noch ein Kunstwerk der Natur: der Tausendjährige Rosenstock. Zumindest sollte man sich als romantisch veranlagter Mensch nicht davon abhalten lassen, an das märchenhafte Alter zu glauben. Nachgewiesen ist, daß der sich an der Ostapsis hinaufrankende Stock hier schon 1629 blühte und somit durchaus 500 Jahre alt sein kann. Im Zweiten Weltkrieg fielen die oberirdischen Triebe den Flammen während des Bombenangriffs zum Opfer.

St. Michael

Die ehemalige Benediktiner-Klosterkirche St. Michael gilt bei vielen Fachleuten heute aus kunstgeschichtlicher Sicht als bedeutendster Bau Hildesheims. Bischof Bernward (993 - 1022) hat das Kloster gegründet. Diese Vermutung bestätigt der freigelegte Grundstein mit der Jahreszahl 1010 neben der Signatur „B + ep“ (für: Bernwardus episcopus). Fünf Jahre darauf wurde bereits die Krypta geweiht. Schon in die Amtszeit von Bischof Godehard fällt die Weihe der gesamten Kirche, was nachweislich 1033 geschah. Ein Brand in den 60er Jahren des 12. Jahrhunderts richtete größeren Schaden an, der schließlich ein Auswechseln der meisten Langhaussäulen erforderte. Lediglich die zwei Säulen im Nordosten blieben davon verschont. Wahrscheinlich hat man in dem Zuge auch gleich die Ostapsiden erneuert. Alles zusammen führte doch zu recht aufwendigen Bauarbeiten mit entsprechenden Veränderungen, was die Neuweihe 1186 rechtfertigte. Die Heiligsprechung Bischof Bernwards veranlaßte die verantwortlichen Kirchenmänner 1193, die Krypta bis in die westliche Vierung zu verlängern (1197 Weihe des Marienaltars der Krypta). Einschneidende spätromanische Veränderungen brachten zu Beginn des 13. Jahrhunderts der Umbau der Westapsis und der Einbau kreuzgratgewölbter Decken in das westliche Querhaus sowie in den Westhochchor. Später folgten noch zwei Portale und gotische Maßwerkfenster im südlichen Seitenschiff.

Wegen Baufälligkeit brach man 1650 den Ostchor ab, ebenso die Nebenapsiden. Unglücklicherweise gelang dieser Eingriff nicht problemlos, denn daraufhin stürzte der östliche Vierungsturm ein und riß einen Teil der Holzdekke mit wertvoller romanischer Malerei mit sich. Schon zwölf Jahre später ereignete sich ein ähnliches Unglück: Noch während der Abrißarbeiten am westlichen Vierungsturm und am südlichen Arm des Westquerhauses durchschlug herabstürzendes Mauerwerk das Gewölbe der Vierungskrypta und zertrümmerte die südliche Chorschranke. Zwischen 1667 und 1669 baute man den östlichen Vierungsturm barock neu auf und schloß diesen 1679 mit einer barocken Haube ab. C.W. Hase restaurierte die

St. Michael Hildesheim

Kirche von 1855 bis 1857, ließ aber weitgehend die vorgefundene Substanz bestehen. Das südwestliche Querhaus hat auf seinen Wiederaufbau bis 1907 warten müssen, als K. Mohrmann mit der Rekonstruktion begann, die sich bis 1910 hinzog. Den ottonischen Urzustand der Kirche stellte allerdings erst O. Karpa nach 1945 bis 1960 wieder her, wobei er Zeichnungen und Überlieferungen nutzte, die noch aus der Zeit vor dem 30jährigen Krieg stammen. So entstanden in dieser Zeit u.a. der Ostchor, die Nebenapsiden sowie die Freigeschosse der Querhaustürme und der westliche Vierungsturm neu.
Heute beeindruckt St. Michael rein äußerlich durch die ungewohnt breite Erscheinung. Es handelt sich um eine westbaulose dreischiffige, vorwiegend flachgedeckte Basilika mit Ost- und Westquerhaus sowie Ost- und Westchor. Am Ostchor schiebt sich die Hauptapsis etwas vor und wird von zwei doppelgeschossigen Nebenapsiden begleitet. Der größere Westchor liegt auf einer Umgangskrypta. Die beiden Vierungen enden nach oben in mächtigen Türmen, die sich nach allen vier Seiten in je drei rundbogigen Fenstern öffnen. Einen beinahe schon orientalischen Eindruck verleihen dem Bau die vier, im Grundriß kleineren Türme, die sich an den Stirnseiten der Querhausarme nach Süden sowie nach Norden hin anfügen.

Der Grundriß dieser Türme stellt sich bis zum Traufgesims der Querhausarme polygonal dar, geht dann jedoch in einen Kreis über. Die Obergeschosse sind durch je vier Biforien geöffnet.
Das sonst ungegliederte Mauerwerk birgt am Umgang der großen Westkrypta eine Überraschung, denn hier lockern regelmäßig verteilte Strebepfeiler die Strenge auf. Im Scheitel öffnet sich die Wand in einem säulenflankierten Portal. Ein Pultdach führt von der Außenmauer am Umgang schräg nach oben zum spätromanisch-frühgotischen Obergaden, dessen durch polygonalen Grundriß entstehende Ecken von Rundvorlagen betont werden. Die Fenstergewände sind hier aufwendig gestuft und außerdem noch von eingestellten Säulchen gerahmt. Ein gefüllter Rundbogenfries schließt die Fassade zum Gesims hin ab. Am nördlichen Seitenschiff befindet sich ein gut erhaltenes Portal aus dem 12. Jahrhundert. Das Seitenschiff im Süden bringt aus romanischer Sicht nichts Bemerkenswertes, denn hier hat man die Rundbogenfenster durch Herausschlagen des Mauerwerks arg vergrößert und durch spätgotische Maßwerkfenster ersetzt.
Im Inneren fallen die vergleichsweise kurzen Stützen auf, die in sächsischem Wechsel (Pfeiler-Säule-Säule-Pfeiler) angeordnet sind. Diese Gliederung ist auf jeder Seite dreimal zu finden. Über dem Gesims erhebt sich ein hoher, völlig ungegliederter Obergaden mit regelmäßig verteilten rundbogigen Fenstern. Zwei Säulen im Mittelschiff stammen sogar noch vom Gründungsbau aus der Zeit um 1000. Die Querhausarme bieten noch mehr ottonische Säulen auf attischen Basen mit Würfelkapitellen und großen Kämpferblöcken. Diese sind teilweise mit einem Perlstab verziert. Die ausgeschiedenen Vierungen öffnen einfache, rundbogige Arkaden zu Chor, Mittelschiff und Querhausarmen und fallen sofort durch den rot-weißen Steinwechsel der Bögen auf. Doppelarkaden „vergittern" die Querhausarme zu den ungewöhnlich breiten Seitenschiffen. An den inneren Stirnen aller Querhausarme findet sich eine architektonische Besonderheit: Stets drei Arkadenreihen liegen übereinander bis zur Decke. Die Basis bildet je eine - analog der Vierungsbögen - rot-weiß gestaltete Doppelarkade, auf die eine vierfache Arkaden-

reihe aufsetzt, die ihrerseits sechs Arkaden trägt. Die Bögen dieses so entstehenden Gitters bleiben in den Proportionen gleich, das heißt also, die Höhe der Arkaden nimmt nach oben hin deutlich ab. Die Decken der Geschosse sind kreuzgratgewölbt; innere Apsidiolen dienen hier als Altarstellen.
Unter dem Hohen Westchor liegt beinahe ebenerdig die dreischiffige, bernwardinische, kreuzgratgewölbte Hallenkrypta, die sich durch Arkaden auf kreuzförmigen Pfeilern zum tonnengewölbten Umgang mit flachen Wandmuldennischen öffnet. In die beiden gerade verlaufenden Bereiche des Umgangs ist je ein zweijochiger Raum integriert, von denen der südliche als „Laboratorium Bischof Bernwards“ gehandelt wird.
Berühmte kunsthistorische Kostbarkeit von St. Michael ist die überwiegend aus dem ersten Viertel des 13. Jahrhunderts stammende, vollständig mit Malerei versehene Holzdecke im Mittelschiff. Obwohl sie über die Jahrhunderte bereits mehrmals ausgebessert, übermalt, repariert und im Osten sogar rekonstruiert wurde, gilt diese Decke noch heute als äußerst wertvolles Beispiel dieser Art von mittelalterlicher Monumentalmalerei. Die verheerenden Bombenangriffe des II. Weltkrieges hat die Holzdecke fast unbeschadet überstanden, weil sie bereits 1943 in weiser Voraussicht ausgebaut wurde. Da sie aus einzelnen, ineinandergreifenden Brettern besteht, war das relativ problemlos möglich. Dargestellt ist von Westen nach Osten auf den acht großen Mittelfeldern der Decke sinnbildlich der Stammbaum Christi mit der Wurzel Jesse. Der Zyklus beginnt mit dem Sündenfall, wobei den linken Baum in der Krone ein Brustbild Christi ziert. Es folgen Bildfelder mit dem schlafenden Jesse, König David, König Salomo, König Hiskia, König Josias, Maria mit der Spindel und schließlich noch Christus als Weltenrichter. Zahlreiche Brustbilder der Vorfahren Christi in Medaillons, die aus Ranken herauswachsen, flankieren die Königsdarstellungen in den großen Mittelfeldern. Diese wiederum werden von senkrechten Bildfeldern begleitet, die vorwiegend Propheten, aber auch (neben dem Sündenfall) in symbolhafter Form die vier Paradiesströme (Jünglinge gießen Krüge aus) und zwei der Evangelisten zeigen. Die beiden

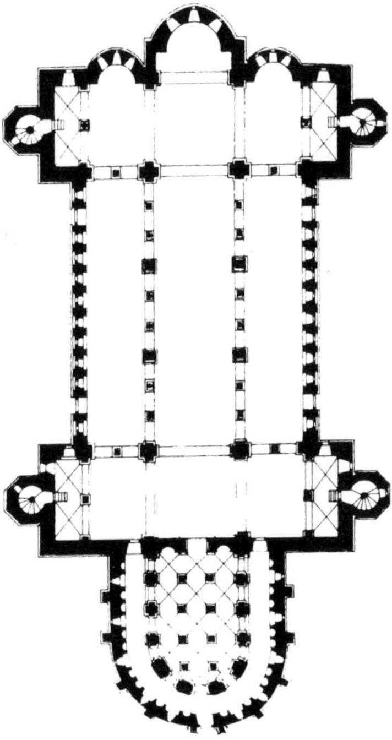

Grundriß St. Michael

anderen Evangelisten sind neben „Christus als Weltenrichter" postiert worden. Die Ecken der Decke besetzen die Evangelistensymbole.

Von den ebenfalls sehr bedeutsamen Chorschranken, die in enger Verwandtschaft zu den Chorschranken der Halberstädter Liebfrauenkirche stehen, ist die nördliche erhalten. Sie ist in der Westvierung aufgestellt und trägt qualitätvolle Stuckreliefs mit teilweise schon frühgotischen Merkmalen. Die plastisch gestaltete Wand wirkt beinahe überladen, da die die Bündelsäulchen überspannenden Arkaden nicht nur von gedrungenen Faltkuppeln bekrönt sind, sondern in den Zwikkeln auch noch mehrgeschossige Bauwerke tragen. In den Arkaden befinden sich sieben Reliefs von Heiligen (Benedikt, Jakob, Petrus, Maria mit dem Kind, Paulus, Johannes, Bernward mit einem Modell der Kirche). Nach oben schließt eine Reihe teils profilierter kleiner Säulen unter ornamentaler Blattwelle die Chorschranke ab.

In der Krypta liegt das Grab des heiligen Bernward; doch der Sarkophag ist inzwischen leer. Auf dem Satteldach sind stilisierte Wolken (Flammen?) zu sehen, in denen je neun Engel auf jeder Seite erscheinen. Über dem Sarkophag befindet sich eine verzierte Gruftplatte aus dem zweiten Viertel des 11. Jahrhunderts mit dem Lebensbaumkreuz und einer Inschrift von tiefsinnigster Demut. Die Grabplatte für Bernward stammt erst aus dem 14. Jahrhundert.

Der östliche Teil der bemalten Holzdecke von St. Michael

Zur inzwischen leider spärlichen Ausstattung gehören u.a. noch ein dreiteiliger Flügelaltar aus dem 16. Jahrhundert im Westchor, ein Taufstein (1618) mit Evangelistensymbolen und Putten als symbolisierte Paradiesströme im Nordarm des östlichen Querhauses sowie ein Kruzifix hinter dem Hochaltar (um 1500). Vom nördlich an die Kirche anschließenden Kreuzgang ist lediglich der Westflügel erhalten, der überwiegend frühgotische Formen vorweist.

St. Godehard

Die ehemalige Benediktinerklosterkirche St. Godehard verdankt ihre Existenz einer Stiftung des Hildesheimer Bischofs Bernhard, der sich 1133 zu diesem Schritt entschloß. Die Heiligsprechung Bischof Godehards lag zu diesem Zeitpunkt zwei Jahre zurück. Das Kloster hat man 1136 mit einem Konvent aus Fulda besetzt, der dem Orden der Benediktiner angehörte. 1146 war der Kirchenbau recht weit vorangeschritten; die ganze Großzügigkeit der Stiftung wurde noch einmal per Urkunde dokumentiert. Die Gesamtweihe der Kirche erfolgte wohl 1172, wenngleich sich hierfür kein urkundlicher Nachweis findet. Die schriftliche Überlieferung berichtet aber von dem großen Ereignis, so daß man durchaus diesem Datum vertrauen kann.
Größere Bauarbeiten setzten wieder Ende des 15. Jahrhunderts ein und zogen sich bis Anfang des 16. Jahrhunderts hin, wovon Hochchor, Vierung und der Klosterbereich betroffen waren. Eine aufwendige und architektonisch bedeutsame Restaurierung fand zwischen 1848 und 1863 vor allem wegen des statisch wenig sicheren Baugrunds im Südwesten der Kirche statt. In die Vierung wurden Vorlagen und Dienste eingebaut, die Westapsis und den Südwestturm brach man vorsichtig ab, um beide Gebäudeteile anschließend mit dem alten Material wieder neu aufzubauen. Der spätgotische Chor unterzog sich einer romanisierenden Rückverwandlung.
Das Kircheninnere von St. Godehard war bereits zu spätromanischer Zeit großflächig ausgemalt. Reste dieser mittelalterlichen Malerei fand man Mitte des 19. Jahrhunderts, als die Vorbereitungen zu einer historistischen Neu-

ausmalung - wie damals in zahlreichen Kirchen geschehen - auf Hochtouren liefen. Der Kölner Michael Welter schmückte sowohl Langhaus als auch Ostteile der Kirche mit romanisierenden Monumentalbildern, die viele Kunsthistoriker heute immerhin als qualitätvoll einstufen. Der größere Teil dieser Malerei wurde ein spätes Opfer des Zweiten Weltkrieges, als 1945 eine Luftmine die Kirche traf und die südliche Mittelschiffswand beschädigte. 1961 hat man diese Wand niedergelegt und im Februar des folgenden Jahres tat ein mächtiger Sturm das gleiche mit der Nordwand des Mittelschiffs. Zwar hat man später größtenteils mit den Originalsteinen die Wände auf einem Stahlbetonskelett wiedererrichtet (und damit die jahrhundertealten Statikprobleme gelöst), doch die Malerei war in diesem Teil der Kirche verloren.

St. Godehard ist eine dreischiffige, flachgedeckte Basilika mit Ost- und Westchor und mit einem Querhaus im Osten. Der massig wirkende Ostchor teilt sich durch einen Umgang in drei Schiffe. Ein Umgangschor ist in der Romanik in mittel- und norddeutschen Gefilden eine Seltenheit, die in diesem speziellen Fall auf französische Einflüsse zurückgeht. Möglicherweise stammen die fremden Architekturformen von Eindrücken während Bernhards Teilnahme an der Reimser Synode 1131. An die äußere Rundung des Umgangs schließen sich drei kleine halbrunde Kapellen an, die optisch im Verbund mit den etwas zurückgesetzten Nebenapsiden an den Querhausarmen stehen. Von Osten bestimmen so fünf halbrunde Nischen das Kirchenbild. Markant sind außerdem der Vierungsturm und die beiden Westtürme sowie die dazwischenliegende, nur wenig vorgeschobene Westapsis.

Der beeindruckende romanische Bau besteht aus beachtenswert gutem Quadermauerwerk mit auffallender Gliederung. Die Bauherren zogen zu Gottes Ehre so ziemlich alle Register der damaligen Zeit und verwendeten Lisenen, Bogenfriese und diverse Säulchen als äußeren, gliedernden Bauschmuck. Das Sockelprofil ist kräftig ausgeprägt und läuft nach Hirsauer Vorbild um einige der insgesamt fünf Portale herum. Beachtenswert ist hier besonders das westliche Portal in der Nordseitenschiffswand, das im 19. Jahrhundert originalgetreu rekonstruiert

wurde und von einem eingestellten Säulenpaar geprägt wird. Das Tympanon darüber ist ein Original aus dem beginnenden 13. Jahrhundert und zeigt Halbfiguren, die wohl Christus zwischen dem ein Modell der Kirche tragenden heiligen Godehard und vermutlich dem Stifter Bernhard darstellen sollen.
Im sehr steil wirkenden Inneren lenken der sächsische Stützenwechsel (Pfeiler-Säule-Säule-Pfeiler), die reichprofilierten Kapitelle und die Schachbrettfriese über den Langhausarkaden die Aufmerksamkeit auf sich. Die großen Langhaus-Kapitelle beeindrucken durch ihre detailreiche und qualitätvolle Ausschmückung mit Ranken, Blättern und Flechtwerk. Die zwei östlichen Kapitelle im Norden zeigen sogar figürliche Vollplastiken, in denen die Geburt Christi, die heilige Familie und die Gefangennahme Christi zu erkennen sind; solche figürlich-szenische Kapitellzier deutet ebenfalls auf französische Vorbilder. Als sogenannte „Godehardi-Kapitelle" haben diese Kapitell-Plastiken in zahlreichen anderen sächsischen Kirchenbauten Nachahmer gefunden, wie auf andere Weise Quedlinburg und Königslutter. 1962 entdeckte man, daß die Kapitelle von St. Godehard auch als Reliquiare dienten. Die Beschriftungen der bernwardinischen Kapitelle in Hildesheim-St. Michael besagen nichts anderes.
Nördlich und südlich der durch hohe Arkaden ausgeschiedenen Vierung gelangt man in Querhausarme, die in der Flucht der Seitenschiffswände nochmals unterteilt sind. Der so entstandene innere Bereich der Querhausarme findet nach Osten im Umgang seine Fortsetzung, die im geraden Teil des Chorhalses in zwei Jochen kreuzgratgewölbt ist. Der sich daran anschließende halbrunde eigentliche Chorumgang besitzt ein einfaches Tonnengewölbe und ist zum Chor in Säulenarkaden geöffnet.
Von der einstigen großflächigen historistischen Malerei Welters sind heute u.a. noch die Darstellung Christi zwischen Engeln und Evangelisten in der Vierung, Christus am Kreuz, die Anbetung der Könige und die Verkündigung an der nördlichen Seite des Chorquadrums, in der Apsis Christus in der Mandorla sowie die Klugen und Törichten Jungfrauen zu sehen. Zum umfangreichen Kirchenschatz St. Godehards gehören auch zahlreiche roma-

St. Godehard in Hildesheim

nische Stücke wie der sogenannte Albani-Psalter aus St. Albans (Nähe London), der als eines der bedeutendsten Werke der Buchmalerei des 12. Jahrhunderts gilt und aus dessen zweitem Viertel stammt, der „Becher des heiligen Godehard“ (Ende 12. Jahrhundert), „Bernhardskelch“ (Anfang 13. Jahrhundert) und ein emailplattenbestücktes Vortragekreuz (Ende 12. Jahrhundert). Von der ursprünglichen Kirchenausstattung des 12. Jahrhunderts ist nichts geblieben. Im Chor befindet sich noch das Grab des Bischofs Bernhard, allerdings mit Steinplatte und Bronzerelief von 1745. Aus der Mitte des 15. Jahrhunderts stammen die Reste eines Chorgestühls sowie eine den heiligen Godehard darstellende Holzfigur, von 1473 eine Kreuzigungsgruppe und von 1518 der Benediktus-Altar. Im 19. Jahrhundert entstanden historistische, teils neoromanische Ausstattungsstücke wie Hochaltar, Taufstein, Leuchter und Gestühl, sowie der Gipsfußboden im Chor in Anlehnung an den des mittelalterlichen Hildesheimer Domes.

Schöningen

Lorenzkirche

Beim Durchzug des Vaters von Karl dem Großen im Jahre 748 wird Schöningen als Siedlungsplatz genannt. 784 hielt sich Karl der Große selbst im hiesigen Königshof auf, wie zahlreiche große Herrscher nach ihm ebenfalls. Salzvorkommen und die Lage an einer West und Ost verbindenden Heerstraße verliehen dem Ort Bedeutung. 983 siedelten die Damen eines Kanonissenklosters aus Kalbe (Milde) hierher, doch da sie sich gar „unzüchtig benahmen“, löste Bischof Reinhard von Halberstadt 1120 den Konvent kurzerhand auf. Als Ersatz wurde im Westen des Ortes ein Augustinerchorherrenstift gegründet und dazu die Lorenzkirche gebaut.

Propst Thietmar von Hamersleben begann den Sakralbau als kreuzförmige, dreischiffige und flachgedeckte Basilika, was aber unter dem Einfluß der benachbarten Königslutterer Stiftskirche nicht bis zum Schluß ausgeführt wurde. Am Ende des 12. Jahrhunderts änderte man die Baupläne und zog ein Kreuzgratgewölbe im Langhaus ein, erneu-

erte die Ostapsis und gesellte zweigeschossige Nebenchöre hinzu. Doch auch die Fassung bewahrte sich nicht lange, denn nach einem größeren Brand baute man 1491/92 das Langhaus in spätgotischem Stil wieder auf, mit Netzgewölben und figürlichen Schlußsteinen sowie mit schlanken Maßwerkfenstern. Der neue Saalbau erwuchs aus dem Grundriß des früheren Mittelschiffs. Gelangte man früher durch Doppelarkaden von den Nebenchören in den Hauptchor, ist das heute nicht mehr möglich, da die Bögen vollständig vermauert sind.
Recht ungewöhnlich für die norddeutsche Kirchenlandschaft sind die beiden im Grundriß quadratischen Osttürme, die sich über den Ostenden der Nebenchöre erheben. Durch ein paar kleine rundbogige Öffnungen gelangt ein wenig Licht ins Innere. Die spitzen Turmhelme sind mit Knäufen bekrönt.
Die halbkreisförmige Apsis ist zweigeschossig gegliedert durch einen schmucklosen Rundbogenfries auf Konsolen. Profilierte Lisenen vermitteln zum Sockel, während die einfachen Rundstabvorlagen am Obergeschoß mit kleinen Kapitellen abschließen und das Gesims nicht erreichen. An der Südstirnwand des Querhauses gelangt man durch ein rundbogiges Portal, dessen Säulen korinthisierende Kapitelle tragen, also nach Königslutterer Vorbild entstanden.
Nur indirekt, weil um ein paar hundert Jahre zeitlich verschoben, wirkt das Vorbild Königslutters auch in der Ausmalung der Apsis. Mit A. Quensen gestaltete derselbe Braunschweiger Hofdecorationsmaler die Schöninger Apsis, wie dies in ähnlicher Weise in Königslutter geschah. Das Gewölbe des Querschiffs zieren die vier Propheten Jesaias, Jeremias, Hesekiel und Daniel. Im Gewölbe des Chorraums gruppieren sich um das Lamm Gottes vier Gemälde, die die Geburt Christi, das Abendmahl, die Kreuzigung sowie die Auferstehung zeigen. Zwischen den Fenstern der Apsis stehen die vier Evangelisten Matthäus, Markus, Lukas und Johannes. Darüber thront Christus.
Zur Ausstattung gehört ein romanischer Taufstein mit pyramidenförmigem Fuß und moderner Taufschale im Chor und zu beiden Seiten des Langhauses ein eichenes Chorgestühl (1480) mit je einem figürlichen Relief an den

vorderen Wangen, von denen eines die heilige Margarethe darstellt. An der Nordwand befindet sich ein Sakramentshäuschen aus Sandstein mit einem Relief darüber, das Christus als Weltenrichter zeigt. Der steinerne Hochaltar trägt Christus am Kreuz als Plastik aus Eichenholz. Links davon befinden sich zehn spätgotische holzgeschnitzte Tafeln mit der Darstellung eines Passionszyklus (Ende 15. Jahrhundert).
Reste des Konventsgebäudes und des Kreuzganges sind im Anschluß an das nördliche Querhaus erhalten. Zwar dominiert hier bereits der spätgotische Stil, doch sind vermauerte Rundbögen am nördlichen Ende der Westwand noch erkennbar.
Nach Westen verlängert eine zweigeschossige spätgotische Vorhalle das Kirchenschiff. Die Halle besteht aus zwei hintereinanderliegenden Räumen, die man nach der erneuerten gotischen Deckenmalerei „Himmel“ und „Hölle“ nennt.

Braunschweig

Stiftskirche St. Blasius und Burg Dankwarderode

Braunschweigs Geschichte beginnt schon vor dem Jahr 1031, der erstmals urkundlichen Nennung als „Brunesguik“. Dies beweisen archäologische Grabungen und bestätigen mittelalterliche Chroniken . So soll der Überlieferung nach die Jacobskapelle am „Eiermarkt“ bereits 861 errichtet worden sein, und die Burg Dankwarderode besaß einen Vorläufer, den sich die Brunonen im 9. oder 10. Jahrhundert als gräflichen Herrensitz auserkoren hatten. Zusammengewachsen ist die mittelalterliche Stadt aus insgesamt fünf eigenständigen Siedlungen in dem von mehreren Armen der Oker durchflossenen Gebiet, den fünf sogenannten „Weichbildern“: Hagen, Neustadt, Altewieck (vorher Brunswieck), Burgviertel und Sack. Diese verwalteten sich lange Zeit selbst, bevor drei von ihnen 1269 einen großen gemeinsamen Rat bildeten und damit die Gesamtstadt ins Leben riefen. Altewieck und Sack traten der neuen Gemeinschaft erst 1300 bei.
Herzog Heinrich der Löwe ließ in der zweiten Hälfte des 12. Jahrhunderts seine Burg prunkvoll ausbauen, wozu

Lorenzkirche Schöningen mit dem Turmbau nach Osten

auch eine große, machtdemonstrierende Kirche gehörte. Ab 1173 entstand direkt neben der Burg die Stiftskirche St. Blasius, an der Stelle des unter dem heutigen Ostteil der Stiftskirche vermuteten Vorgängerbaus von 1030. Der Heinrichsche Kirchenbau war eine von Anbeginn gewölbte dreischiffige Pfeilerbasilika mit Querhaus und Westriegel. Letzterer wurde erst viel später vollendet, als man schließlich Ende des 13. Jahrhunderts noch die Türme aufsetzte. Zu den gravierendsten gotischen Veränderungen gehören der Anbau eines äußeren südlichen Seitenschiffes in der ersten Hälfte des 14. Jahrhunderts und der Bau einer zweischiffigen gotischen Halle (1474 geweiht)

Braunschweiger "Dom" von Osten

anstelle des romanischen nördlichen Seitenschiffs. Dieses hatte man dafür abgerissen.

Heinrichs Bau - die Stiftskirche entstand direkt nach Plänen des Herzogs - ist trotz aller Umbauten heute noch in der inzwischen fünfschiffigen Anlage gut zu erkennen. Das Langhaus wird im Osten von einem Querhaus mit Nebenapsiden durchdrungen. Das Mittelschiff ist in vier Joche unterteilt, die aber in der spitztonnengewölbten Decke keine Trennung durch Gurte erfahren. Seitlich ruht das Gewölbe auf Stichkappen. An die Vierung schließt sich das romanische Chorquadrum an, das mit leicht eingezogener Hauptapsis endet. Unter Vierung, Chor und Apsis erstreckt sich eine Hallenkrypta. Der im Untergeschoß querrechteckige Westriegel erhält im mittleren Geschoß einen polygonalen Grundriß und schließt weit oben im Bereich des Glockengeschosses mit oktogonalen Türmen ab. Die Turmkanten werden mit Lisenen und Rundstäben besonders betont. Das Untergeschoß öffnet sich auf der Westfront durch ein Rundbogenportal (eine Zutat von 1813, die 1853 noch den letzten neoromanischen Schliff bekam). Darüber sorgt ein großes Radfenster mit Zehnpaß für Licht im Westbau, der heute eine große Orgel aufnimmt. Das Glockenhaus wird ebenfalls durch gotische Maßwerkfenster durchbrochen.

Das Mauerwerk bestimmen klar geformte Bruchsteinqua-

der. Die Gliederung übernehmen Lisenen, Rundbogenfriese sowie kleine Ecksäulchen an den Gebäudekanten. An den Apsiden, von denen die südliche ein Neubau von 1839 ist, finden sich als äußere Schmuckelemente zusätzlich noch Perlstäbe. Die Rundbogenfenster in den Obergaden des Langhauses und an der Stirnseite des Querhauses sind paarweise angeordnet, was eine von Anbeginn geplante Deckeneinwölbung verrät, während in ursprünglich flachgedeckten romanischen Basiliken zwischen den Obergadenfenstern meist gleiche Abstände bestehen. In der Stirnwand des nördlichen Querhausarms ist übrigens das einzige erhaltene romanische Portal zu finden.
Die zweischiffige Halle im Norden wird von sieben rundstabbesetzten Säulen getragen, welche sich spiralförmig zur Decke hinaufwinden. Insgesamt vier verschiedene Netz- und Sterngewölbe weist diese Decke auf. Solcherart hochgotische Verspieltheit steht in krassem Gegensatz zum streng-klar ausgeführten, romanisch-tonnengewölbten Mittelschiff. Kontrast bieten zum romanischen Obergaden auch die sieben Maßwerkfenster des südlichen Seitenschiffes, die außerdem noch mit gotischen Giebeln bekrönt sind.
Wie so oft hebt auch in der Braunschweiger Stiftskirche eine romanische Hallenkrypta den Chor erheblich an. Hier kommt als Besonderheit aber hinzu, daß davon bereits die Vierung betroffen ist und somit die Querhausarme optisch im Grunde wie Kapellen vom Langhaus getrennt werden. Und obwohl dies ein Trugschluß ist, hat sich diese Benennung der Querhausarme eingebürgert: im Norden Peterskapelle und im Süden Johanniskapelle. Die dreischiffige Hallenkrypta teilt sich in zwei Räume mit gurtlosen Kreuzgratgewölben. Die stützen sich im vorderen Raum auf vier Säulen mit Würfelkapitellen und im hinteren (nach Osten) in zwei Jochen auf Pfeiler.
Die Stiftskirche St. Blasius ist gemeinhin noch heute als „Braunschweiger Dom“ bekannt, obwohl sie(wie in Goslar) im eigentlichen Sinne nie einer war. Die Bischöfe residierten in Hildesheim, Magdeburg und Halberstadt, aber nicht in Braunschweig. Macht und Stärke sowohl gegenüber kaiserlichen Profan- als auch gegenüber Sakralbauten sollte die Stiftskirche nach dem Willen Herzog

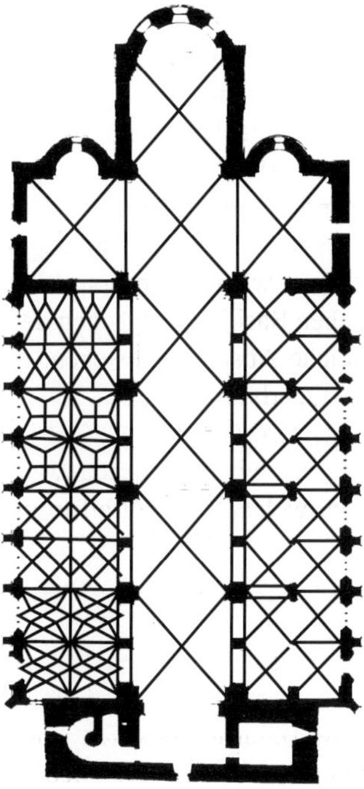

Grundriß St. Blasius

Heinrichs des Löwen demonstrieren. Deshalb übernahm Heinrich Dekorations- und Bausysteme sowie Platzgestalt von Kaiserorten wie Goslar und Königslutter in seine Repräsentationspläne. Ebenso wie die Stiftskirche in Königslutter für Kaiser Lothar III. von Süpplingenburg und seine Gemahlin Richenza die Grablege wurde, sollte St. Blasius in Braunschweig die sterblichen Überreste des Herzogpaares aufnehmen, ebenfalls im zweiten Joch des Mittelschiffs. Hier finden sich heute noch die Gräber der Herzogin Mathilde (gestorben 1189) und des Herzogs Heinrich des Löwen (gestorben 1195). Auch die Burg Dankwarderode nahm nach dem großzügigen Umbau verblüffende Ähnlichkeit mit der Kaiserpfalz in Goslar an. Ein beeindruckendes Werk frühgotischer Plastik von höchster Qualität stellt das Grabmal Mathildes und Heinrichs dar, das höchstwahrscheinlich zwischen 1230 und 1240 geschaffen wurde. Das Hochrelief aus feinem Kalkstein zeigt das Herrscherpaar in einer Verschmelzung von Stehen und Liegen, indem die Körper zwar auf Sockeln stehen, die Köpfe jedoch in Kissen gebettet sind. Beide tragen lange Gewänder mit reichem Faltenwurf, der bei Mathilde im Saumbereich physikalisch nicht ganz einwandfrei dargestellt ist, was aber für diese Zeit nicht ungewöhnlich ist. Heinrich hält in Stifterpose links ein Gerichtsschwert und rechts ein erstaunlich originalgetreues Modell der Kirche (es zeigt schon das Dreipaßfenster im östlichen Langhaus, das wohl zur Auszeichnung des Grabmals eingebrochen wurde), während Mathilde die Hände

Burg Dankwarderode Braunschweig

zum Gebet zart-verspielt gegeneinanderführt. Das Grabmal gilt als ein Hauptwerk sächsischer Bildhauerkunst des 13. Jahrhunderts und ist aus kunsthistorischer Sicht den später entstandenen berühmten Vollplastiken (Naumburg, Magdeburg, Wechselburg usw.) mindestens gleichzustellen, wenn nicht sogar höher zu bewerten.

Von überragender Bedeutung sind auch die romanischen Wandmalereien in Vierung, Chor und südlichem Querhausarm. Sie wurden 1845 entdeckt und anschließend sorgfältig über mehrere Jahre hinweg freigelegt und teilweise ergänzt. Glücklicherweise hat man bereits damals verantwortungsbewußt den unwiederbringlichen Schatz behandelt und als erstes Pausen vom Original angefertigt. Später kam es zu wiederholten Ergänzungen und Übermalungen, so daß heute zwar nicht mehr die Ursprungsform zu bewundern ist, die Ausmalung hier in Braunschweig aber einen vielfach höheren Stellenwert genießt als beispielsweise die auf verschwindend geringen Resten aufbauenden und eigentlich frei erfundenen historistischen Ausmalungen in Königslutter und Schöningen. Die Malereien entstanden vor der Mitte des 13. Jahrhunderts und wurden auf nicht vollständig abgebundenen Kalkputz aufgetragen. Zu den Motiven gehören u.a.: in der Vierung das himmlische Jerusalem mit dem Mauerkranz und den zwölf

Aposteln in den Toren (In einer Zinne unter allen Himmlischen befindet sich die Signatur des Malers "Wale", was sich am westlichen Mittelschiffspfeiler wiederholt: "Johannes Gallicus" und: "Wüßte ich zu beleben, was ich zu malen verstand, wären die Figuren würdig, unter die Himmlischen gezählt zu werden."), in der Mitte das Lamm Gottes, umgeben an den Gewölbekappen von den Szenen Christi Geburt, Vorführung Christi im Tempel, die drei Frauen am heiligen Grabe, Gang nach und Abendmahl in Emmaus sowie das Pfingstwunder. Im Chorgewölbe ist die Wurzel Jesse und an den Wänden sind Szenen aus dem Alten und dem Neuen Testament vorwiegend aus dem Leben Johannes des Täufers und des heiligen Blasius zu sehen. Außerdem ist Thomas Becket dargestellt, der zweite Schutzpatron der Kirche, den Ritter des englischen Königs 1170 in der Kathedrale von Canterbury (seinem eigenen Bischofssitz) ermordet hatten und den drei Jahre danach Papst Alexander III. heiliggesprach. Seit 1227 beschützt der Angelsachse die Braunschweiger Stiftskirche. Im südlichen Querhausarm finden sich u.a. Christus neben der als Himmelskönigin thronenden Maria (Gewölbe), die Klugen und die Törichten Jungfrauen (Fensterbereich der Süd- und der Westwand) sowie Christus in der Vorhölle, Auferstehung und Himmelfahrt (Ostwand).
Von der Ausstattung fallen einige Gegenstände noch in die Zeit der Romanik, so z.B. das bemerkenswerte überlebensgroße Holzkruzifix, das wegen seiner Inschrift „Imervard me fecit“ Imervardkreuz genannt wird. Christus ist hier nicht als unter größten Leiden am Kreuz gestorbener, sondern als still duldender Mann dargestellt, der einen faltenreichen langen Mantel trägt. Einige Fachleute interpretieren die Mimik auch als triumphierend. Im Kopf des Gottessohnes wurden früher in einem verschließbaren Behälter wie üblich Reliquien aufbewahrt. Das Kruzifix entstand etwa um 1173 wohl nach dem Vorbild des vorhergehenden „Volto Santo“ im Dom zu Lucca (Toskana), denn das heutige dort ist jünger als Imervard in Braunschweig. Bemerkenswert ist auch der siebenarmige Leuchter aus Bronze, der eine Höhe von 4,80 Metern und eine Spannweite von vier Metern aufweist. Das Kunstwerk stammt etwa aus dem Ende der 80er Jahr des 12. Jahrhun-

derts und wurde vermutlich sogar in Braunschweig gegossen. An die Weihe des Marienaltars im Jahre 1188 durch den Hildesheimer Bischof Adelog erinnert noch eine Inschrift auf dem Deckel einer Reliquienkapsel, die außerdem noch dessen Bischofssiegel bewahrt. Die Kapsel ist in das Blattkapitell der mittleren von insgesamt fünf Bronzesäulen eingelassen, auf denen die Marmorplatte des Altars ruht. Er ist neben Goslars Krodoaltar der einzig erhaltene monumentale Metallaltar des Mittelalters, allerdings wegen des fehlenden massiven Unterbaus liturgierechtlich nicht unumstritten. Die äußeren Säulen des Altars tragen alle Adlerkapitelle. Vermutlich aus dem 11. Jahrhundert stammt ein schlichter Taufstein, der heute in einem äußeren Joch des nördlichen Seitenschiffs steht. Zur umfangreichen Ausstattung gehören außerdem mehrere Epitaphe, überlebensgroße Steinstatuen an den östlichen Vierungspfeilern (vielleicht Herzog Albrecht der Fette und Bischof Heinrich III. von Hildesheim), Holzfiguren von Otto dem Milden (gestorben 1344) und seiner Gemahlin Agnes von Brandenburg (gestorben 1334) im äußeren südlichen Seitenschiff, ein freistehendes Grabmal des Herzogs Ludwig Rudolf (gestorben 1735) und seiner Gemahlin Christine Louise (gestorben 1747) sowie ein aufwendiges Marmorgrabmal des Herzogs Albrecht (gestorben 1745) in der seit Ende des 17. Jahrhunderts als herzogliche Gruft dienenden Krypta.

Vom Nordostbereich des „Doms“ führt ein Gang aus Fachwerk auf rundbogigen (nicht originalen) Arkaden direkt zur benachbarten Burg Dankwarderode, die den Burgplatz nach Osten hin begrenzt. Die kleine Pfalz ist in ihrem zum größten Teil rekonstruierten Äußeren heute schön anzusehen, jedoch handelt es sich im wesentlichen um einen historisierenden Neubau, der auf Mauerreste des aus dem 12. Jahrhundert stammenden Originals zurückzuführen ist. Als Herrensitz der Brunonen wurde Dankwarderode bereits 1067 genannt, bevor Herzog Heinrich der Löwe gegen 1175 die Anlage, seinem Machtstreben angemessen, verändern und erweitern ließ. Schwerer Schaden entstand am Bauwerk im 16. Jahrhundert durch einen großen Brand und Teileinsturz. Die untereinander arg zerstrittenen Welfenlinien fühlten sich für den teuren

Wiederaufbau nicht zuständig, und die Anlage verfiel. Erst in der ersten Hälfte des 17. Jahrhunderts wurde die Burg aus- und im 18. Jahrhundert umgebaut. Nach einem Brand in den 70er Jahren des 19. Jahrhunderts kaufte die Stadt das inzwischen stark veränderte Gebäude, das 1883 sogar abgebrochen werden sollte. Zum Glück kam es ganz anders. Man legte die romanischen Reste des Palas frei und begann 1886 mit dem rekonstruierenden Neubau, der schließlich 1906 eingeweiht wurde.

Die Burg Dankwarderode erstreckt sich heute auf leicht verzogenem rechteckigen Grundriß über 15 x 43 m und besteht aus zwei Geschossen. Das Äußere ist auffällig gegliedert, indem die Mauerflächen aus einst sicher verputztem Bruchstein bestehen, während Portale, Gebäudekanten und Fensterlaibungen sich aus fein gearbeiteten Quadern zusammensetzen. Der Haupteingang befindet sich heute in einer lediglich auf einem erhaltenen Fundament rekonstruierten Vorhalle, die wie ein Querhausarm wirkt. Über dem rundbogigen Portal führen zwei große Biforien auf einen schmalen Balkon. Zum Obergeschoß der Vorhalle führt ein dem Palas vorgelagerter Treppenaufgang. Das Erdgeschoß der Burg besteht im wesentlichen aus dem „Knappensaal“, einer zweischiffigen Halle mit heutiger Betondecke, die zehn durch Rundbögen verbundene Pfeiler mit Ecksäulchen tragen. Eine mittelalterliche Luftschachtheizung wie in Goslar ist außerdem ergraben worden. Im Obergeschoß liegt der „Rittersaal“. Die Burg Dankwarderode beherbergt heute die mittelalterliche Abteilung des Herzog-Anton-Ulrich-Museums Braunschweig.

Als einzigartiges Bildwerk ohne Vorbild, als erstes seiner Art im deutschen Raum bezeichnen Fachleute die Plastik des Burglöwen, dessen Original im Braunschweigischen Landesmuseum behütet wird. Die Kopie steht auf einem Steinsockel, der Burg mit dem Gesicht zugewandt. 1166 hat Herzog Heinrich der Löwe die Plastik in Bronze gießen und als Symbol seiner Macht vor der Pfalz aufstellen lassen.

Bismark
Stadtkirche

Stadtkirche Bismark

Die altmärkische Kleinstadt Bismark liegt in der Nähe von Kalbe (Milde) und wurde urkundlich 1209 als „biskopesmarke“ zum ersten Mal erwähnt. In dieser Zeit entstand auch die heutige Stadtkirche, ein Feldsteinbau, der ursprünglich als flachgedeckte dreischiffige, kreuzförmige Basilika aufgeführt war. Der Westturm erhob sich auf querrechteckigem Grundriß in der Breite des Mittelschiffs. Doch schon im 14. Jahrhundert kam es zu einschneidenden Umbauarbeiten, wobei vor allem das relativ kurze Langhaus zu einer Stufenhalle gewandelt wurde. Größere Restaurierungen erfolgten im 18. und 19. Jahrhundert, zu Beginn unseres Jahrhunderts und in den Jahren 1968/69.

Vom romanischen Ursprungsbau sind im wesentlichen heute noch der Chor, die Vierung und die beiden kreuzgratgewölbten Querhausarme erhalten. Bei näherer Betrachtung findet man schnell auch im Detail Zeugen der Romanik, wie die abgetreppten Rundbogenportale in den Querhausarmen mit romanischen Kämpfern. Auch an den Pfeilern der Vierung finden sich noch Kämpfer in Formen der Romanik. „Echt“ sind auch die Rundbogenfenster in der Chorostwand sowie an den östlichen Wänden der Querhausarme. Von den ursprünglich zwei übereinanderliegenden Tonnengewölben im Westturm ist das obere erhalten geblieben. Auf dem Dachboden des Schiffes kann man noch Reste der Obergadenfenster der flachgedeckten Basilika erkennen.

Die Innenausstattung der Stadtkirche ist eher dürftig. Der

geschnitzte Aufsatz des Altars stammt aus den Jahren 1711-13 und zeigt in der Mitte ein Kruzifix, eingefaßt von gedrehten Säulen. Daneben stehen jeweils links und rechts Schnitzfiguren von Petrus und Paulus. Die hölzerne Kanzel entstammt wohl derselben Zeit, nur die Bemalung ist eine Zutat der großen Restaurierung 1904.

Blick in das Innere der Dorfkirche in Jeetze

Jeetze

Dorfkirche

Die Dorfkirche in Jeetze ist noch ein zu großen Teilen in der Bausubstanz original erhaltener spätromanischer Feldsteinbau aus der zweiten Hälfte des 12. Jahrhunderts. Wie viele der kleinen romanischen Dorfkirchen besteht sie aus querrechteckigem Westturm, einem flachgedeckten Schiff mit eingezogenem Chorquadrum und halbkreisförmiger Apsis. Der Grundriß des wehrhaften Turms überragt die

Breite des Schiffes, das vorwiegend noch die ursprünglichen Öffnungen aufweist, ebenso wie der Turm. Hier hat man allerdings in die alten rundbogigen Schallöffnungen später noch spitzbogige Zwillingsfenster aus Backstein eingesetzt, deren kleine Mittelsäulen Würfelkapitelle tragen. Den Chor trennt optisch ein Triumphbogen vom Schiff, das sich nach Westen zum Untergeschoß des Turms in einem großen Rundbogen öffnet. Apsisbogen und Triumphbogen besitzen noch romanische Kämpfer.
Zur durchweg nicht mehr romanischen Ausstattung, sie stammt wohl aus dem ausgehenden 17. und dem 18. Jahrhundert, gehören in der Breite der Apsis ein Altaraufsatz mit engelgesäumtem Holz-Kruzifix, eine reichgeschnitzte Kanzel, ein Taufengel und ein Grabstein. An den Chorwänden befinden sich zwölf Tafelbilder die Christus und die Apostel darstellen.

Dambeck
Dorfkirche

Der äußerst stattliche Feldsteinbau gehört zu den romanischen Dorfkirchen der Altmark, die größtenteils von späteren gravierenden Veränderungen verschont geblieben sind. So präsentiert sich der Bau heute noch vierteilig angelegt, mit querrechteckigem Westturm und flachgedecktem Schiff, das die Breite des Turms aufnimmt, eingezogenem rechteckigen Chor und abschließender halbkreisförmiger Apsis. In ihr hat sich wohl einst ein Halbkuppelgewölbe befunden. Die rundbogigen Fenster stammen alle in der heutigen Form vom Ursprungsbau, und auch die beiden Portale sind original. In der Nordwand gelangt man durch ein abgetrepptes Rundbogenportal ins Kircheninnere. Das rundbogige Portal am Chor fällt etwas schlichter aus. Der Westturm entläßt den Schall im Glokkengeschoß durch rundbogige gekuppelte Maueröffnungen und schließt nach oben mit einem Satteldach ab, das sich zwischen zwei Giebel im Norden und Süden einfügt. Von der mittelalterlichen Ausmalung blieben leider nur geringe Reste erhalten. Bemerkenswert ist der große Schnitzaltar aus der Zeit um 1500. Im mittleren Schrein steht die Madonna im Strahlenkranz, flankiert von (vermutlich) Ursula und Katharina, während in den Altarflügeln in zwei Reihen übereinander die zwölf Apostel dargestellt sind. Die hölzerne Kanzel stammt aus der zweiten Hälfte des 17. Jahrhunderts und besitzt bemalte Brüstungsfelder.

Salzwedel
St. Marien

Mehrere Verwandlungsetappen liegen hinter der Marienkirche am südwestlichen Rande der Stadt Salzwedel. Die Geschichte der heute spätgotischen Backsteinbasilika beginnt etwa in der zweiten Hälfte des 12. Jahrhunderts. Damals diente ein Saalbau aus Feldstein mit eingezogenem querrechteckigem Chor und rundem Westturm als Gotteshaus. Am bemerkenswertesten ist die (für die Altmark) Einmaligkeit der sogenannten West-Einturm-Anlage, die sich bis heute bewahrt hat, wenngleich in veränderter Form. Vom Ursprung blieb der Turmstumpf von 2,70 Meter Höhe erhalten, der seinem Nachfolger als Sockel dient. Das Feldsteinmauerwerk hat eine Stärke von fast drei Metern mit zwei ursprünglichen Öffnungen und schmalen Lichtschlitzen. Östlich geht das Mauerwerk des Turms in die Westwand des Mittelschiffs über, die in ihrem mittleren Teil noch bis in vier Meter Höhe aus alten Feldsteinen besteht, während die Seiten schon aus den Backsteinen der ersten Basilika entstanden. Die Arbeiten für diesen Bau begannen etwa 1210. Obgleich der Ursprungsbau mit über 40 Metern Länge (er reichte bis ans Ostende der heutigen Vierung) schon sehr stattlich war, genügte er doch den Ansprüchen damaliger Zeit nicht. Es entstand ein noch großzügiger Neubau, für dessen Fundamente die Feldsteine des Vorgängers genutzt wurden. Auf dem runden Turmstumpf erhob sich fortan bis auf etwa 30 Meter Höhe ein oktogonaler Backsteinturm mit einfachen Schmuckfriesen. Die trapezförmigen Säulenkapitelle der Klangarkaden besitzen Dreiecksschilde. Der Turm erhielt 1496 den steilen Helm und bestimmt noch heute die Silhouette der Stadt Salzwedel. Außer ihm erinnern noch einige Wand- und Fensterreste an die im quadratischen Schematismus errichtete kreuzförmigen Basilika. Vom

Dorfkirche Dambeck

längsrechteckigen Chor stehen die Seitenwände. Äußerlich fällt sogleich der reiche Schmuckfries auf, gebildet aus zwei übereinanderliegenden Kreuzbogenbändern mit mehreren Zahnschnittleisten. Darüber beginnt bereits das Mauerwerk des gotischen Chores. Vom romanischen Bau blieben Lisenen sowie Reste rundbogiger Fensteröffnungen und an der Nordseite die später veränderte Priesterpforte mit den sogenannten Klauenkapitellchen am Kämpfer. An dieser Chorseite entdeckte man bei Renovierungsarbeiten 1989 östlich der ersten gotischen Fensterlaibung ein romanisches Fenstergewände, ziegelrot gefaßt und mit breitem schwarzen Bogenstrich darüber. Vermutlich besaß der Chor im Inneren eine flache Apsisrundung als Altarnische. Die Nordwand bewahrt die konsolähnliche Endung eines Schildbogens, der zwischen erstem und zweitem Chorfenster beginnt, am Chorbogen endet und Hinweis auf die frühere Einwölbung gibt. Gut zu sehen sind auch die Schildflächen der ehemaligen hoch aufsteigenden Kuppelgewölbe im Querhaus. Die Anfänge in den Süd- und Nordecken bestimmen es noch näher als Gratgewölbe. Große Teile blieben vom romanischen Querhaus und auch vom Mittelschiff erhalten. Am Außenbau erinnern Teile des schlichten Kreuzbogenfrieses auf Putzband und auch noch Reste der Obergadenfenster mit „Kleeblatt"-Abschluß an die Zeit der Romanik. Romanisch geprägt wird das Innere des Langhauses durch den Wechsel der oktogonalen, runden und quadratischen Stützen. Den wuchtigen abgetreppten

Die Marienkirche in Salzwedel

Pfeilern sind Halbsäulen vorgelagert. An die ehemaligen Gewölbe - nach neuesten Erkenntnissen besaßen in St. Marien alle romanischen Schiffe welche - erinnern noch Anfänger und Schildbögen. Präzisiert werden müssen nach jüngeren Grabungen auch die Aussagen über die Anzahl der romanischen Seitenschiffe: Ein zweites nördliches wurde entdeckt. Ob die erste Backsteinbasilika allerdings von Anfang an vierschiffig geplant und ausgeführt worden ist, muß noch untersucht werden. Die Nord- und Südecke der Westwand der ersten Backsteinbasilika markieren die Rechteckpfeiler in den heutigen Seitenschiffen, jeweils neben dem Turm. Sehr zügig verliefen die Bauarbeiten damals zum Bau der Backsteinkirche,

denn die romanischen Wandmalereien, die noch in Resten an der nördlichen Querhauswand unterhalb der Empore zu sehen sind, stammen aus dem zweiten Viertel des 13. Jahrhunderts. Die noch erkennbare Kreuzigungsdarstellung mit knienden Stiftern entstand wahrscheinlich in Freskotechnik, im mittleren Hauptteil sind die Gewandfalten der im Zackenstil gefertigten Figuren in den Putz zusätzlich eingeritzt worden.
Schon um 1300 erfuhr der sakrale Bau Erweiterung im Stile der Gotik (fünfschiffige Halle), und bis zur heutigen spätgotischen Backsteinbasilika zogen, inklusive mehrfacher Unterbrechungen, 200 Jahre ins Land. Zunächst wurden anstelle der romanischen Seitenschiffe gotische doppelte Seitenschiffe von Höhe und Breite des Mittelschiffs errichtet und die Arkaden des Mittelschiffs erhöht. In die Zeit zwischen 1340 und 1350 fällt die Entstehung des spätgotischen Chores mit seiner prächtigen Ausstattung. Ein Teil von ihm bewahrt das Mauerwerk des Vorgängers, der erhöht wurde und hohe Kreuzrippengewölbe erhielt. Der andere Teil entstand komplett neu: das gotische 5/8 Polygon. In diese Bauphase gehört auch die Erhöhung des Querhauses sowie der Aufbau des Obergadens im Langhaus. Auch diese Bauteile erhielten nach und nach Gewölbe auf Stuckkonsolen mit Masken und Tiermotiven. Jahre später wurden die Seitenschiffe um den Westturm geführt, der dadurch nun im Kircheninneren steht.
Von der reichen Ausstattung (nachromanisch) sei an dieser Stelle nur einiges genannt. Das Prunkstück ist ohne Zweifel der dreiflüglige Schnitzaltar (um 1510). Er gilt als hervorragendes Werk spätgotischer Kunst. Der in geöffneter Form acht Meter breite und sechs Meter hohe Schrein enthält insgesamt 30 dicht gefüllte Reliefs und 22 vollplastische Figuren. Aus dem frühen 14. Jahrhundert stammen das reichgeschnitzte Buchpult aus Eichenholz und die Oblatendose. Die hölzerne Triumphkreuzgruppe besteht noch in ihrer ursprünglichen Zusammenstellung aus der Mitte des 15. Jahrhunderts. Zehn lebensgroße Kalksteinfiguren (um 1410) verteilen sich in der Kirche. Augenfällig ist die Glasmalerei des mittleren Chorfensters. Sie entstand in der Mitte des 14. Jahrhunderts. Die Wandmalerei zwischen den Polygonflächen gehört ins dritte Viertel des

14. Jahrhunderts. Ebenfalls aus diesem Jahrhundert blieb das bemerkenswerte Chorgestühl an den Längsseiten sowie der Dreisitz im Polygon erhalten.

Giesenslage

Dorfkirche

Die Dorfkirche in Giesenslage im Altmark-Landkreis Stendal-Osterburg gehört zu den Geheimtips für besonders an der Romanik interessierte Kunstreisende in Sachsen-Anhalt. Der in bemerkenswerter Qualität errichtete Backsteinbau aus dem ausgehenden 12. Jahrhundert gilt in Fachkreisen als eines der besten Baudenkmäler der Umgebung. Außerdem ist die Kirche in sehr gutem Zustand. Veränderungen hat es über die Jahrhunderte kaum gegeben, lediglich das Glockengeschoß und die Giebel des Turmes entstammen wohl erst dem 14. Jahrhundert. Eine Restaurierung des Kircheninneren fand 1967 statt.
Wie die meisten romanischen Dorfkirchen ist auch die in Giesenslage vierteilig angelegt. Im Westen trutzt ein massiger, wehrhafter rechteckiger Turm allem Feindlichen. Daran schließt in gleicher Breite das flachgedeckte Schiff an, dem ein eingezogener kreuzgratgewölbter Chor mit halbkreisförmiger Apsis folgt. Für die relativ frühe Entstehungszeit des Baus sind die äußeren Gestaltungsformen ungewöhnlich fein und sorgfältig ausgeführt. Ein auffälliger Sockel umläuft den gesamten Bau, dessen Wandflächen Ecklisenen optisch auflockern. Faszinierend sind die breiten Gesimse, die von Deutschem Band und Friesen geschmückt werden, die sich durch große Abwechslung in den Motiven auszeichnen. So finden sich hier Dreiecke, Kreuzbögen und Rauten zum Fries aneinandergereiht. Auf klassische Rundbogenfriese wurde gänzlich verzichtet. Die Apsis erfährt durch Lisenen eine optische Gliederung in drei Teile.
Die Rundbogenfenster sind alle unverändert erhalten geblieben, ebenso die jeweils abgetreppten West- und Südportale im Chor. Letztgenanntes ist abgetreppt in einen Mauervorsprung eingelassen. Das Portal in der südlichen Schiffswand wurde vermauert.
Bemerkenswert ist im Inneren besonders ein romanischer

Dorfkirche Giesenslage

Taufstein, der die unübliche Form eines Troges besitzt und aus Sandstein gehauen wurde. Er war früher im Nachbardorf Räbel aufgestellt und ist vielleicht älter als die Kirche, in der er heute steht. Zur Ausstattung gehören ferner ein silbervergoldeter spätgotischer Kelch mit Patene sowie ein gotischer Grabstein mit der Ritzzeichnung eines Geistlichen.

Hämerten

Dorfkirche

Dorfkirche Hämerten

Von ungewöhnlich malerischer Ausstrahlung ist die Dorfkirche in Hämerten, die nicht nur durch ihre gut erhaltene klassisch romanische Bausubstanz, sondern vor allem durch den Chorturm besticht. Der Feldsteinbau entstand Anfang des 13. Jahrhunderts und präsentiert sich heute als dreiteilige Anlage mit flachgedecktem Schiff und eingezogenem Chor, an den sich die halbkreisförmige Apsis anschließt. Der Chor wird von einem Kreuzgratgewölbe überspannt, über ihm erhebt sich ein achteckiger Turm. Direkt unter dem Zeltdach öffnet sich das Mauerwerk in acht rundbogigen (heute verändert) Fenstern. Von den schlichten Rundbogenportalen sind das westliche und das nördliche vermauert. Die Apsis ist unter dem Gesims mit einem Kreuzbogenfries gegliedert, das auf kleinen Konsolen verläuft. Die Gliederungselemente bestehen aus Backstein und heben sich somit kontrastreich vom Feldsteinmauerwerk ab. Einen Westbau gibt es nicht. Das Schiff endet hier rechteckig ohne Anbau.
Im Inneren findet sich hinsichtlich der Ausstattung nichts Romanisches mehr. Der Altaraufsatz von Theodor Köhler ist Ergebnis einer größeren Restaurierung um 1710, der pokalförmige, achteckige Taufstein entstand wohl um das Jahr1450.

Möringen

Dorfkirche

Von den zahlreichen in ihrer ursprünglichen Substanz bis in die heutige Zeit gut erhaltenen Dorfkirchen rings um Stendal ist die Kirche in Möringen die bedeutendste. Der aus sorgfältig bearbeiteten Feldsteinen gemauerte Bau besteht aus querrechteckigem Westturm, Schiff, eingezogenem Chorquadrum und großer Apsis. Der Westbau besitzt ein tonnengewölbtes Untergeschoß, das einstmals als Vorhalle diente. Das Westportal ist inzwischen jedoch vermauert. Rundbogige Schallöffnungen befinden sich im Obergeschoß des Turms. Das Fenster an der Südseite hat sogar noch die ursprüngliche Backsteinsäule mit Würfelkapitell. Der Turm schließt mit einem Walmdach. Neben zwei Rundbogenfenstern öffnet sich die südliche Schiffswand durch ein abgetrepptes Portal von qualitätvoller Ausführung. An der Nordseite befinden sich vier, an der nördlichen Chorwand zwei und an der Apsis drei Rundbogenfenster, die größtenteils im ursprünglichen Zustand sind. An der Südseite des Chores, direkt an das Schiff angelehnt, empfängt eine querrechteckige spätgotische Vorhalle mit Blendschmuck und Fialen am Backsteingiebel den Besucher. Dieser kleine Vorbau ist ein Zusatz aus dem 15. Jahrhundert. Sowohl Triumph- als auch Apsisbogen ruhen auf romanischen Kämpfergesimsen, wobei der Bogen zur Apsis sogar in Stufen zurückgesetzt ist. Von dem Tonnengewölbe im Untergeschoß des Westbaus abgesehen, ist die gesamte Kirche flachgedeckt. Die Balken wurden im 17. Jahrhundert ornamental bemalt.

Im Inneren fällt u.a. eine romanische Sandsteintaufe auf, die um 1230 geschaffen wurde und die Form eines achtekkigen Pokals besitzt. Mit zwei Reliefs, die die Anbetung und Darbringung im Tempel darstellen, sind noch sehenswerte Reste eines Schnitzaltars aus der zweiten Hälfte des 15. Jahrhunderts zu betrachten. Die Holz-Kanzel entstand zu Beginn des 18. Jahrhunderts. In der südlichen Vorhalle befindet sich ein Grabstein für M. Leyden (gestorben 1439), der als ältester Grabstein Möringens gilt.

Buchholz

Dorfkirche

Die Dorfkirche von Buchholz entstand etwa in der ersten Hälfte des 12. Jahrhunderts aus Feldstein. Der Bau besteht aus einem Schiff, an das sich im Osten ein eingezogener Chor mit Apsis und im Westen ein Westquerturm anschließen. Schwere Streben an der nordwestlichen Ecke scheinen dem wuchtigen Westturm nötigen Halt zu geben. Vermutlich etwas später gesellte sich das leicht zurückgesetzte Glockengeschoß mit rundbogigen Schallöffnungen und Walmdach zu dem unteren Turmteil. Vom Usprungsbau stammen größtenteils die Öffnungen der Kirche, so auch die Rundfenster am Schiff und an dessen Südseite das schlichte Rundbogenportal. Das Innere des Gotteshauses prägen vor allem die Restaurierungsarbeiten von 1887 und von 1954. Zur Ausstattung gehört eine Taufe aus Granit (um 1200).

Uchtdorf

Dorfkirche

Die romanische Dorfkirche in Uchtdorf stammt aus der ersten Hälfte des 13. Jahrhunderts. Der Triumphbogen zeigt sich bereits in leicht spitzbogiger Form. Er blieb vom Ursprungsbau, dem noch heute flachgedeckten Feldsteinbau mit eingezogenem Chor und Apsis und mit einem Querturm im Westen, erhalten. Auch einige Öffnungen bewahren noch ihre Form aus der Entstehungszeit der Kirche. Das gesamte Mauerwerk außen ist verputzt. Der Westquerturm steht nicht genau in der Achse des Schiffs, sondern weicht nach Norden ab. Sein Fachwerkaufsatz mit Schweifhaube und Laterne ist eine Ergänzung aus dem Jahre 1720. Eine bedeutsame Entdeckung machten Restauratoren 1950 im Innenraum der Kirche: Sie legten Wandmalereien aus der Zeit um 1250 frei. Die Apsis ist bemalt mit einer Majestasdarstellung, gerahmt von Zickzackbändern und Rankenwerk. Zwischen den vier Evangelisten thront Christus; die zwölf Apostel gesellen sich

Dorfkirche in Möringen

dazu. Aufsteigende Engel gestalten den Apsisbogen. In der nördlichen Apsiswand befindet sich eine rundbogige Sakramentsnische aus Holz mit eisenbeschlagener Tür. Die heutige Ausstattung erfolgte in jüngerer Zeit. Der Schnitzaltar ist ein Werk der ersten Hälfte des 16. Jahrhunderts. Die polygonale Kanzel mit pflanzlich ornamentierten Eckleisten stammt ebenso wie die Taufschale aus der Zeit um 1720. Die Westempore trägt als Inschrift die Jahreszahl 1719.

Jerchel

Dorfkirche

Unter dem Einfluß der Jerichower Stiftskirche entstand um 1200 in Jerchel (bei Tangerhütte) eine romanische Dorfkirche. Der einschiffige Backsteinbau ist flachge-

Dorfkirche in Buchholz

deckt. Der rechteckige Chor zieht sich nach Osten hin etwas ein, ebenso die halbkreisförmige Apsis. Das Mauerwerk ist außen gut gegliedert, wozu nicht nur die üblichen Lisenen und Rundbogenfriese, sondern auch Dreiecksfriese und ein Deutsches Band beitragen. Bemerkenswert ist von außen schließlich noch das rundbogige Portal auf der Nordseite des Kirchenschiffs. Im Inneren beeindruckt der noch aus der Erbauungszeit stammende Triumphbogen, der sich über Rundstabkämpfer spannt.
Den Westgiebel bekrönt jetzt ein Fachwerkturm mit Spitzhelm. Dieser Gebäudeteil ist eine Zugabe aus der ersten Hälfte des 18. Jahrhunderts, ebenso wie die ländlich-barocken Holzeinbauten mit einem Anstrich, der wohl Marmor imitieren soll. An den Rundbogen der Apsis lehnt sich der reichornamentierte Kanzelaltar, und in der Nordostecke des Kirchenschiffs befindet sich sogar eine aufwendig gestaltete Herrschaftsempore (18. Jahrhundert). Einige Grabsteine, teils aus dem 14. und teils aus dem 18. Jahrhundert, gehören außerdem zur Ausstattung.

Großwulkow

Dorfkirche

Die Dorfkirche von Großwulkow entstand um 1170 und gehört damit zu den ältesten ihrer Art im Umkreis von Jerichow. Auf einer Gesamtlänge von 27 Metern reihen sich aus Backstein-Mauerwerk Westturm, kurzes rechteckiges Schiff, eingezogener fast quadratischer Chor und flachbogige Apsis aneinander. Der Westturm stammt nicht vom Ursprungsbau, aber wohl noch aus der Spätromanik. Sein massives Mauerwerk erreicht die Dachfirsthöhe des Schiffs und nimmt auch bis zur jüngeren Mauerkrone dessen Breite auf. Darüber sitzt ein quadratischer zweigeschossiger Fachwerkaufbau mit flachem Zeltdach, während das übrige Walmdächer abschließen. Das Mauerwerk des Turms gliedern, abgesehen vom Sockel, breite Ecklisenen sowie zwei einfache Winkelfriese mit Deutschem Band. Über dem kleinen, einfach gestuften Westportal befindet sich eine Blendnische, die vermutlich für die

Figur des Schutzpatrons bestimmt war. Der Anschluß des Kirchenschiffs an den Westturm verweist darauf, daß das Schiff ursprünglich noch weiter nach Westen reichte. Direkt am unregelmäßigen Mauerriß finden sich Spuren ehemaliger Rundbogenportale und -fenster. Das verkürzte Schiff besitzt je drei nachträglich vergrößerte und gerahmte Rundbogenfenster gen Nord und gen Süd. Als Gliederungselemente finden sich auch hier der Sockel und die breiten Ecklisenen. Über der Fensterzone gestaltet ein sorgfältig gearbeiteter Kreuzbogenfries mit Deutschem Band die Wandflächen. Im Osten schließt sich der Chor mit geringeren Maßen sowohl in Breite als auch in Höhe an das Schiff an. Die Fenster entstanden alle im 18. Jahrhundert neu, wenngleich unter Verwendung romanischer Gewände. An der Südwestecke befindet sich eine rundbogige Priesterpforte, deren Bogenrahmung auf romanische Fugenstrichtechnik und auf die Verwendung von Farbe am Außenmauerwerk verweist. Sockel (gestuft aus einfacher Schräge und Viertelrundstab), Ecklisenen und Winkelfries (mit unterschiedlich gestalteten Konsolsteinen) übernehmen auch am Chor die Gliederung der Mauern. Die Ostwand wird durch die Apsis mit drei Rundbogenfenstern belebt. Das mittlere Fenster wurde beim Einsetzen des abstützenden Strebepfeilers geschlossen.
Das Innere der Kirche ist insgesamt verputzt. Der Chor erhielt die Ausmalung erst im 18. Jahrhundert. Die Höhe des Triumphbogens zwischen Chor und Schiff übernimmt der gestufte Apsisbogen mit profiliertem Kämpfergesims aus Backstein. Ursprünglich in zwei großen Rundbögen öffnete sich auch die Turmhalle zum Schiff. Sie wurden bis auf kleine Durchgänge zugemauert.
Aus der Entstehungszeit der Kirche stammt das Triumphkreuz, das seit 1993 wieder seinen Platz im Triumphbogen auf einem ergänzten Querbalken hat. Das zwei Meter hohe und 1,30 Meter breite Kreuz ist in der für das 12. Jahrhundert typischen Form des Bernwardkreuzes gefertigt und bewahrt noch Reste der einstigen Bemalung. Arme und Füße des Gekreuzigten sowie Teile des Kreuzes mußten im Laufe der Zeit erneuert werden. Im späten Mittelalter erhielt der schon sehr realistisch dargestellte Gekreuzigte statt der Königskrone die Dornenkrone. In romanischen

Tagen entstanden das schlichte sandsteinerne Taufbecken mit halbkugelförmiger Kuppa und rundem Schaft sowie die ebenfalls sandsteinerne Altarplatte mit Weihekreuzen und Sepulcrum. Die Altarwand, das Gestühl und die Emporen statten seit Anfang 18. Jahrhundert die Kirche aus.

Grabow

Dorfkirche

Die Dorfkirche in Grabow ist ein spätromanischer Feldsteinbau, der vor allem durch die stattliche Breite seines Schiffes beeindruckt. Die Anlage besteht aus querrechteckigem Westbau, Schiff, eingezogenem quadratischen Chor und halbkreisförmiger Apsis. Während der Westturm in Schiffsbreite in der eigentlichen Erbauungszeit der Kirche nicht vollendet wurde, hat man die kleinen hochliegenden Fenster des Schiffes vermutlich schon in frühgotischer Zeit leicht spitzbogig verändert. Das Dach des Schiffes setzt sich über dem romanischen Teil des Turms fort und wird von einem quadratischen Fachwerkaufsatz mit spitzem, achtseitigem Helm bekrönt. Die Ostwand des Turms wurde allem Anschein nach später herausgerissen, so daß jetzt keine Trennung mehr zum balkengedeckten Schiff besteht. An der Südseite befindet sich mit einem rundbogigen Portal der Zugang zur Kirche. Das romanische Nordportal ist mittlerweile vermauert.
Die außergewöhnliche Breite des Kirchenschiffes machte zusätzliche Stützen der Holzdecke notwendig. Diese im Norden und Süden in jeweils einer Reihe angeordneten hölzernen Pfeiler bewirken optisch eine Aufteilung in Mittel- und Seitenschiffe. Der Triumphbogen ist bereits leicht spitzbogig geschlagen.
Die Westempore und die ehemalige Herrschaftsempore an der Südseite stammen aus dem 17. Jahrhundert. Der Chor wird besonders durch Schablonenmalerei an der Holzdecke betont. Zur Ausstattung gehören ein gemalter Flügelaltar (1595) und eine mit Gemälden verzierte Kanzel (Anfang 17. Jahrhundert) sowie zahlreiche Grabsteine, darunter (vermutlich) ein Gedenkstein für Erzbischof Erich von Magdeburg (gestorben 1295).

Dorfkirche Großwulkow von Osten

Zeddenick

Dorfkirche

Reste romanischer Malerei in der Dorfkirche Zeddenick

Zum größten Teil noch im Original erhalten ist die Dorfkirche von Zeddenick, ein spätromanischer Feldsteinbau mit breitem querrechteckigem Westturm, der sich schützend vor ein langgestrecktes Schiff setzt. Der eingezogene quadratische Chor mit halbkreisförmiger Apsis wurde nachträglich erhöht. Das Glockengeschoß ist von rundbogigen Schallöffnungen geprägt, und auch die Fenster im Chor wurden nicht verändert. An der Nordseite befindet sich ein Rundbogenportal. Das Schiff ist flachgedeckt und öffnet sich durch einen rundbogigen Triumphbogen zum Chor. Der Westturm schafft an seiner Ostwand durch zwei rundbogige Arkaden die Verbindung zum Schiff. Reste spätromanischer Wandmalerei sind im Chor und an den Apsiswänden zu finden, allerdings muß man davon ausgehen, daß diese alten Kunstwerke oft restauriert worden sind, und das sicher nicht immer wissenschaftlich. Zuerst fällt dem Besucher wohl die Apsiskuppel auf mit Christus in der Mandorla, gerahmt von den Evangelistensymbolen und je einem Heiligen. Die Zwikkel im Apsisbogen sind mit Engeln und Spruchbändern verziert. Die Malerein an der Chorsüdwand und auch Teile in der Apsis sind aufgeklebte Kopien. Außerdem zeigt die südliche Ostwand des Schiffes Christophorus, allerdings bereits aus spätgotischer Zeit und seither stark verändert. Aus der Mitte des 15. Jahrhunderts stammen die Reste eines Schnitzaltars, dessen Figuren zur Zeit restauriert werden. Gotisch ist der achteckige Taufstein mit Lilienfries am Beckenrand, die Taufschüssel stammt von 1693.

Nedlitz

Dorfkirche

Aus Bruchsteinen entstand in spätromanischen Tagen die stattliche Dorfkirche von Nedlitz (bei Burg). Dem Schiff gliedern sich ein quadratischer Chor mit halbkreisförmiger Apsis im Osten und ein Turm im Westen an. Letztgenannter wurde wohl auch zuletzt erbaut. Er tritt leicht über die Fluchten des Schiffes hinaus und verkörpert genau jenen Typ Westbau, der in der Spätromanik üblich war: trutziges Mauerwerk mit Satteldach zwischen den Giebeln. Vom Ursprungsbau überliefert sind in originaler Gestalt die Fenster der Apsis sowie die kleine Pforte in der Chorwand. Das Kircheninnere prägen die Balkendecken von Schiff und Chor, die hölzernen Emporen an der westlichen und an der nördlichen Seite und nicht zuletzt der erhaltene rundbogige Triumphbogen.

Die Kirche besitzt einen großen romanischen Taufstein. Dieser stammt aus der Zeit um 1200. Palmettenfriese schmücken das zwölfeckige Becken. Ursprünglich erhob es sich über vier Skulpturen, von denen drei, in allerdings stark beschädigter Form, die Jahrhunderte überdauert haben. Zu erkennen sind eine nackte Gestalt, eine mit Gewand sowie ein Löwe. Die Taufschüssel aus Messing ist eine Zutat von 1698. Leider befand sich der Bau in schlechtem Zustand. Restaurierungsarbeiten am Westbau begannen 1994.

Zerbst

Bartholomäikirche

Aus fünf Siedlungskernen setzt sich die Stadt Zerbst zusammen. Einen davon bildet die im 12. Jahrhundert entstandene Burgsiedlung mit der 1215 geweihten Bartholomäikirche. Von dieser im Stile der Spätromanik erbauten kreuzförmigen Basilika künden heute noch das Querschiff und die Wände des Chorquadrats. Mit den anderen romanischen Bauteilen meinte es das Schicksal weniger gut. Sie fielen den Bedürfnissen späterer Zeiten zum Opfer. Ab 1300 als Stiftskirche fungierend, genügte der

Platz im quadratischen Chor nicht mehr. Er wurde nach Osten zu einem Rechteck verlängert. Eine Erweiterung erfuhr ebenso das Langhaus: im frühen 15. Jahrhundert nahm es die Breite des romanischen Querschiffs als vierjochige Halle auf. Allerdings setzten die Fliegerangriffe 1945, die fast die gesamte Innenstadt von Zerbst zerstörten, gerade dem Schiff arg zu, das seitdem vom Querschiff getrennt als Ruine besteht. Den Westabschluß der Kirche bildet eine rechteckige Vorhalle aus dem Jahr 1517. Der Kirchturm (Glockenturm) steht nordöstlich von der Kirche frei. Der quadratische Bruchsteinbau stammt aus der Zeit der Gotik und diente damals nicht nur der Kirche, sondern der gesamten Siedlung als Wehr- und Wachturm. Vom romanischen Querschiff besticht in erster Linie das vierstufige Rundbogenportal. Es gehört in die Anfänge des 13. Jahrhunderts. Von den eingestellten Säulen blieben nur noch drei erhalten. Sie aber bewahren noch die kräftigen Ornamente ihrer Schäfte sowie ihre Blattkapitelle. Der Schmuck findet in der Königslutterer Bauplastik sein Vorbild. Den oberen Portalabschluß bildet ein Tympanon, das noch die Umrisse einer Kreuzigungsgruppe preisgibt. In der Ostwand des südlichen Kreuzarmes sitzen zwei romanische Fenster. Vermutlich ist sogar die Westwand des spätgotischen Mittelschiffs noch vom romanischen Vorgängerbau; das Mauerwerk besteht aus regelmäßigen Quadern, durchbrochen von Rundfenstern. Die Vierung erhielt im Zuge der Einwölbung der ursprünglich flachgedeckten Basilika in der zweiten Hälfte des 16. Jahrhunderts neue Bögen. Die Ausstattung der Kirche wurde vor allem während des Zweiten Weltkrieges größtenteils vernichtet. Bemerkenswert sind die 1910 entdeckten Wandgemälde. Sie wurden um 1220/30 geschaffen und nach 1945 restauriert. Dargestellt sind am südöstlichen Vierungspfeiler der Kopf des Christophorus und in der rundbogigen Nische im südlichen Querschiff eine Kreuzigungsgruppe (Bogenfeld) sowie in Medaillons Christus und die Evangelisten (Laibung) und links daneben die Hochzeit zu Kana. Die Bogenzwickel zeigen das Martyrium Johannes des Täufers.

Kapitelle und verzierte Säulenschäfte am romanischen Südportal der Bartholomäikirche Zerbst

Plötzky

Dorfkirche

Die evangelische Pfarrkirche St. Maria und Magdalena wurde etwa um 1170 als Wallfahrtskirche errichtet. Wie viele Dorfkirchen dieser kriegerischen Missionszeit mußte auch der Bruchsteinbau in Plötzky in erheblichem Maße Verteidigungsaufgaben dienen. Er besitzt deshalb einen mächtigen querrechteckigen Westturm. Insgesamt zwölf schlanke rundbogige Schallarkaden öffnen dessen Gemäuer im Glockengeschoß, je zwei nach Süden und Norden sowie je vier nach Osten und Westen. Auf der Westseite findet sich außerdem noch ein einzelnes Rundfenster.

Plötzky Dorfkirche

Ursprünglich schloß der rechteckige Chor nach Osten apsidial, und an der südlichen Saalwand setzte ein Seitenschiff an. Um 1700 wurde beides abgerissen, wobei der östliche Teil des ehemaligen südlichen Seitenschiffs noch heute besteht und als Sakristei genutzt wird. Nachdem die halbkreisförmige Apsis niedergelegt war, verlängerte man den Chor und ließ ihn rechteckig enden. An der Südwand der Kirche sind heute noch die drei großen vermauerten Arkaden zu sehen, die einst zum Seitenschiff führten. Hier wurden übrigens damals, zu bedeutenden Festen des früheren Zisterziensernonnenklosters, das sich bis zu seinem Abriß um 1600 im Dorf befand, verschiedene Reliquien ausgestellt. Seit der Plünderung 1524 sind die Reliquien allerdings verschwunden.

Die Fenster des Kirchenschiffes sind auffallend klein und schmal. Lediglich in der Südwand fallen die Maße größer aus und sorgen für mehr Licht. In der Nordwand des Chor findet man eine vermauerte rundbogige Tür, und auch in der Nordwand des Schiffes wurde ein Rundbogenportal zugemauert. Im Inneren öffnet sich das Schiff zum Chor in einem großen Triumphbogen, der auf steilen Kämpfern ruht. Den romanischen Taufstein schmückt am oberen Rand ein Rundbogenfries. Der schlichte Holz-Altar stammt von 1742 und die Orgel aus der Zeit um 1800. Die Schiffswände werden im Inneren von einer hölzernen Empore umlaufen. Emporen befinden sich auch an den Längsseiten des Chores. Reste der Mauer des genann-

Kapelle Gottesgnaden

ten Zisterziensernonnenklosters aus der Zeit um 1100 sind am Ortsausgang nach Osten zu finden.

Gottesgnaden

Dorfkirche

Bei Magdeburger Bischöfen des 14. bis 16. Jahrhunderts war der kleine Saaleort Calbe mit seinem 1945 zerstörten Schloß als Sommerresidenz sehr beliebt. Immerhin hatte der Heilige Norbert, Gründer des Liebfrauenklosters in Magdeburg, auch in Calbe 1131 ein bald schon bedeutendes Prämonstratenserkloster ins Leben gerufen. Gegenüber der damaligen kleinen Ortschaft am linken Saaleufer, wenige Kilometer vor der Mündung in die Elbe, siedelten sich die Chorherren dieses Ordens an, woran heute noch der Mönchsheger erinnert, eine ursprünglich durch einen Saalebogen gebildete Halbinsel bei Gottesgnaden (Ortsteil von Schwarz). Die Klosterkirche wurde 1164 geweiht und lag an der Südseite der späteren Domäne. Das Kloster hob man 1563 auf. Es wurde, ebenso wie die Kirche, bald darauf abgetragen. Leider sind keine Reste mehr erhalten. Verschont blieb die ehemalige Hospital-Kapelle (1207 geweiht) des Klosters, die heute als Dorfkirche dient. Sie besteht im Kern noch aus dem romanischen Ursprungsbau des ausgehenden 12. Jahrhunderts. Der romanische querrechteckige Westbau aus Bruchsteinmauerwerk besitzt im Glockengeschoß auf der Ost- und der Westseite zwei und an den Seiten jeweils ein Paar gekuppelte rundbogige Schallöffnungen. Diese sind getrennt durch gut erhaltene kleine Säulen mit Würfelkapitellen. Ein rundbogiges Portal mit schmucklosem Tympanon öffnete einst das schmalere Schiff nach Süden. Das Schiff hat man 1710 erneuert, während der eingezogene Chor noch unter gotischem Einfluß verändert wurde.

Links und rechts der Südroute

Derenburg

St. Trinitatis und Reste der Kaiserpfalz

Das Jahr 998 gehört zu den sehr bedeutsamen Geschichtsdaten in der Derenburger Chronik. Damals fand hier eine Reichsversammlung statt, trafen sich also die mächtigsten Männer des deutschen Reiches samt großer Gefolgschaft mit dem König, um über die weitere nationale und europäische Politik zu beraten. Nach fast tausend Jahren erinnern heute an dieses Ereignis neben geschichtlichen Überlieferungen auch Mauerreste der ehemaligen Pfalz. Diese hat man bei Erdarbeiten für eine neue Wasserleitung direkt an der Trinitatiskirche 1987 freigelegt. Sie verwerfen eine alte Pfalz-Standort-Theorie, die sich lange Zeit gehalten hatte. Danach glaubte man, daß das Gelände der ehemaligen Burg der Regensteiner Grafen vor dem Umbau zur wehrhaften Feste als Pfalzbezirk gedient haben muß. Doch schon die geringen Ausmaße der 1785 völlig zerstörten Burganlage - die Grundfläche betrug nur 1 800 Quadratmeter - lassen Zweifel an dieser Theorie aufkommen. So geht man jetzt davon aus, daß rings um die Kirche eine größere Fläche, die mindestens den Marktplatz und Teile einiger Nebenstraßen einnimmt, den ehemaligen Pfalzbezirk ausmachen. Dieser würde sich dann auch in unmittelbarer Nachbarschaft zu den separaten Wirtschaftsgebäuden der Pfalz befunden haben, die zur allgemeinen Versorgung der Pfalzbewohner und deren Gäste nötig waren. Das Gut in der Taubenstraße, in der Nähe der Trinitatiskirche, war zweifelsfrei ein solcher Wirtschaftshof. Im Jahre 1009 ging die Pfalz Derenburg an das Stift Gandersheim und verlor daraufhin an Bedeutung.
Leibhaftiger Zeuge aus der Zeit der späteren Romanik ist in dem kleinen Nordharzstädtchen heute noch ein Teil der Trinitatiskirche. Von dem ottonischen Bau, der 1014 erstmals erwähnt wurde, ist nichts mehr übrig. Dafür fällt die Entstehung des doppeltürmigen Westbaus aus Bruchstein-

Derenburg - die Westtürme von St. Trinitatis

mauerwerk komplett in das zweite Viertel des 13. Jahrhunderts. Nach niedersächsischer Bauart ist das Glockenhaus sehr hochgezogen. Es schließt nach Westen genau mit der Fassade der rechtekkigen Türme ab. Einen Eingang gibt es im Westen üblicherweise nicht. Im Glockengeschoß der Türme befinden sich an jeder Seite rundbogige Biforien. Das einstmals zu diesem Westbau gehörende Langhaus besaß einen deutlich kleineren Grundriß als das heutige barocke Schiff. Der einfache, nach drei Seiten geschlossene Saalbau entstand erst im 18. Jahrhundert, nachdem man 1726 das romanische Kirchenschiff abgerissen hatte.

Wernigerode

St. Johannis

In der Übergangszeit zwischen Romanik und früher Gotik entstand die Johanniskirche in Wernigerode, die heute älteste Kirche der Stadt. Die einst romanische Liebfrauenkirche brannte 1751 bis auf die Grundmauern nieder, und die romanische Sylvestrikirche hat man während eines fünfjährigen aufwendigen Umbaus in den 80er Jahren des 19. Jahrhunderts in den jetzigen neugotischen Sakralbau verwandelt.

Zwischen 1265 und 1279 errichtete man den wehrhaften spätromanischen Sakralbau aus Bruchsteinmauerwerk als Pfarrkirche der Neustadt, die vor den Toren Wernigerodes durch Ansiedlung zahlreicher Bauern umliegender Dörfer entstanden war. Durch derartige Umsiedlungen kam es zu regelrechten Landentvölkerungen, so daß ganze Ortschaf-

Der mächtige romanische Westturm von St. Johannis in Wernigerode

ten wüst wurden. Rimbeck und Hinzingerode verschwanden auf diese Weise völlig. An beide Dörfer erinnern deshalb die zwei markanten Dachreiter der Johanniskirche.

Bischof Volrad aus Halberstadt weihte 1279 die Kirche Johannes dem Täufer. Als besonders auffälliges Relikt dieser Zeit sticht heute noch der eintürmige Westbau hervor, der sich auf leicht querrechteckigem Grundriß nur sehr gedrungen erhebt. Der noch äußerst wehrhaft wirkende Turm besitzt im Glockengeschoß auf jeder Seite zwei

rundbogige Biforien. Ein Spitzhelm bildet den Abschluß. Zum Schiff hin ist der Turm in zwei Rundbogenarkaden geöffnet, nach außen wurde 1874 ein Westportal eingefügt mit Säulen und Tympanon. Aus dieser Zeit stammt auch das Spitzdach in seiner heutigen Gestalt. Zugleich wurden damals die Biforien im Glockengeschoß erneuert.
Romanisch sind heute außerdem noch Teile der Arkaden im Mittelschiff und ein Rest des ehemaligen Querschiffs, in dem sich nun die Sakristei befindet. Das Langhaus wird von je zwei Rechteckpfeilern mit spitzbogigen Arkaden in Mittelschiff und zwei Seitenschiffe geteilt. Schmucklose Strebepfeiler und unsymmetrisch angeordnete Fenster gliedern die Außenwände. Der gotische Chor mit 3/8 Schluß entstand bei einem größeren Umbau 1497, was die Jahreszahl in der Ostmauer direkt über einer flachbogigen Nische bezeugt. Der heutige Eingang befindet sich in einer Vorhalle im Südwesten. Hier, über dem Portal, empfängt den Besucher eine Holzplastik Johannes des Täufers. Es handelt sich um ein Werk des Wernigeröder Bildhauers Heinz Ziomek und stellt Johannes als „Rufer in der Wüste“ dar. Die ursprünglich an dieser Stelle angebrachte 500jährige Holzplastik ist jetzt im Inneren der Kirche an der Südwand des Chores zu bewundern. Witterungseinflüsse und Umweltbelastungen hatten dem Kunstwerk arg zugesetzt, bevor man es liebevoll restaurierte. Das „beste Stück“ der Johanniskirche ist ein doppelt klappbarer Altar aus dem beginnenden 15. Jahrhundert. Im Mittelpunkt des großzügig mit Gold und Farbe bedachten Schnitzwerks steht die Madonna mit Kind, umgeben von vier biblischen Szenen aus Jesu Kindheit. Die geöffneten Flügel zeigen Bibelszenen in Form aufwendiger Schnitzplastiken. Ist der Altar geschlossen, präsentieren sich dem Betrachter auf Gemälden abermals Darstellungen aus der Kindheit Jesu, wobei sich einige Szenen wiederholen. Zur weiteren Ausstattung gehören ein Taufstein (1569) mit Lutherporträt, eine Renaissance-Holzkanzel (um 1600) mit Porträts von Luther und Melanchthon, ein Kruzifix (um 1500) an der Chornordwand und etliche Epitaphe aus verschiedenen Jahrhunderten mit Darstellungen von Predigern der Johanniskirche.

Goslar

Kaiserpfalz

Ritter Ramm soll es gewesen sein, der der Sage nach die reichen Silbererzvorkommen im Rammelsberg entdeckt hat, nachdem sein Pferd mit einem Huf auf dem weichen Waldboden herum- und dabei eine Silberader angekratzt hatte. Seiner Frau Gosa zuliebe benannte er dann später die kleine Siedlung Goslar. Verbürgt ist hingegen, daß bereits Heinrich I. von seiner Pfalz Werla (bei Schladen) aus gern an den Nordrand des Harzes Jagdausflüge unternahm. Beim Anblick des Fleckens vor dem Rammelsberg soll er gesagt haben, daß er hier gern eine Pfalz sehen würde. 922 gründete er an dem Ort tatsächlich eine kleine Siedlung und Otto I. ließ eine zweite folgen. Der seit etwa 970 urkundlich nachgewiesene Bergbau im Rammelsberg (nach geologischen Forschungen muß er weit älter sein) und die wachsende wirtschaftliche Bedeutung dieses neuen Standorts führte wohl dazu, die zu weit entfernte Pfalz Werla aufzugeben. In Goslar entstanden dann unter Heinrich II. zwischen 1005 und 1015 die ersten inzwischen verschwundenen Pfalzbauten. Vollendet wurde die kaiserliche Residenz schließlich etwa 1050 durch Heinrich III., der sich (ebenso wie sein in Goslar geborener Sohn Heinrich IV.) so oft wie kein Herrscher nach ihm in Goslar aufhielt, obwohl auch nach seiner Zeit Goslar immer wieder Ort glänzender Reichstage der deutschen Kaiser und Könige des Hochmittelalters blieb.

Auch wenn im 19. Jahrhundert viele Teile rekonstruiert wurden, gilt der Palas der Goslarer Kaiserpfalz heute als größter erhaltener Profanbau des Mittelalters im gesamten Abendland. Als Pfalz stellte die Anlage einen komplexen Organismus aus sowohl profanen als auch sakralen Nutzbauten dar, von denen der größere Teil Repräsentationszwecken diente. Verteidigungsanlagen, wie man sie von Burgen kennt, gab es hier nicht. Während der prunkvolle Palas der Pfalz Regierungsgebäude war (bei Burgen nutzte man ihn als Wohnbereich), wohnten die „durchreisenden" Herrscher selbst in eher bescheidenen Nebengemächern. Wegen der an hohen Kirchenfesten gern geübten symbo-

Das Kaiserhaus der Pfalz in Goslar

lischen Wiederholung der herrscherlichen Krönungszeremonie in vollem Ornat („Festkrönung“) benötigte eine Pfalz mindestens zwei Kirchenbauten, zwischen denen die Prozession sich bewegen konnte. Hinzu kamen Kapellen für die private Andacht. Das Kapitel solcher Pfalzstiftskirchen lebte zwar nach festen Regeln, doch nicht in mönchischer Klausur. Es diente gleich dem jeweiligen Herrscher als „Fundus“ für seine Reichsbeamtenschaft, die sich somit fast ausschließlich aus Klerikern zusammensetzte. Aus diesem „Pool“ wählte sich dann der Herrscher die Bischöfe seiner Reichskirche, aus deren engerem Kreis, der „Hofkapelle“, dann der jeweilige Kanzler kam. Unter Heinrich III. wurde auf diese Weise Goslar zum „seminarium Germaniae“, zur Pflanzstätte des Reichsepiscopats, was sich bis zur Regierungszeit Friedrichs I. hielt.
Den Kern der Goslarer Pfalz bildete der riesige doppelgeschossige Palas, der sich in Nord-Süd-Richtung auf einer Hügelkuppe erstreckt und einst von zwei Kapellen flankiert wurde. Im 18. Jahrhundert verschwand die Liebfrauenkapelle, einst doppelgeschossig und auf quadratischem Grundriß. Sie besaß eine südwestdeutsche Doppelturmfront mit Längsgiebel. Noch weitestgehend im Original besteht die Doppelkapelle St. Ulrich, die sich nach Süden an den Palas anschließt. Mit den Maßen 47 x 15 Meter übertrifft der Palas alle anderen bekannten deutschen Pfalzen an Größe, was sicher auch seine erhebliche politi-

Reiterstandbilder vor der Pfalz

sche und klerikale Bedeutung im Hochmittelalter widerspiegelt. Der untere Saal war romanisch flachgedeckt, besaß kleine verschließbare Fenster und nach römischem Muster eine Hypokausten-Heizung, so daß Reichsversammlungen ohne große Probleme auch im Winter stattfinden konnten. Der große Saal darüber öffnete sich hingegen breit in einer Arkadenreihe nach Osten, und war deshalb nur bei entsprechender Witterung zu prunkvollen Zeremonien nutzbar. Die Ostwand des Palas' kann man im nördlichen Teil bis in drei bis vier Meter Höhe noch ins 11. Jahrhundert datieren, ebenso die Fundamente der Palas-Rückwand sowie der nördlichen Eckpfeiler der Arkadenfolge des Obergeschosses. Die übrigen Originalteile des Palas' entstammen staufischer Herrschaftszeit, etwa dem mittleren 12. Jahrhundert. Dazu gehören beispielsweise im Mittelrisalit der große Bogen, dessen Unterteilung in doppelgeschossige Arkaden eine freie Zutat der Restaurierung in den 70er Jahren des 19. Jahrhunderts ist. Der Verbindungsbau zur Ulrichkapelle ist komplett neoromanisch, und auch die Strebepfeiler hat man modern vergrößert, da sie eine Zeit lang als Standort für die Reiterstandbilder Friedrichs I. und Wilhelms I. vorgesehen waren. Diese reiten nun jedoch auf eigenen Sockeln, etliche Meter weiter vorgerückt und geschaffen von den Berliner Künstlern Toberentz und Schott als Sinnbilder des wiedergeborenen deutschen Kaiserreichs (in Anknüpfung an das alte). Dem damit verbundenen Repräsentationsdrang wilhelminischer Zeit (glücklicherweise reicht Goslar bei weitem nicht an den Selbstdarstellungswahnsinn des Kyffhäuser-

Denkmals heran) sowie auch einer aufkommenden Begeisterung für die Wurzeln deutscher Geschichte verdankt wohl die Kaiserpfalz ihre Rekonstruktion. Denn kaum war 1866 der hannoversche Staat an Preußen gefallen, reiften bei den neuen Landesherren bereits Pläne zur repräsentativen Nutzung des verfallenen Kaiserhauses, mit deren Verwirklichung man schon 1868 begann. Was ursprünglich als Rettung des Baudenkmals „Pfalz“ gedacht war, glitt, als 1871 aus dem preußischen König ein deutscher Kaiser wurde, zu sentimentaler Geschichtsverklärung ab. Nach einer reichsweiten Ausschreibung malte man nach Entwürfen (die Skizzen sind zum Teil erhalten) des Düsseldorfer Historienmalers und Wettbewerbssiegers Professor Hermann Wislicenus den oberen Saal im Stil der damaligen Zeit zu einer Art National-Denkmal monumental aus. Die Wandgemälde zeigen u.a. Szenen aus der mittelalterlichen Kaiserzeit und nutzen als inhaltliches Verbindungsglied zur Neugründung des Deutschen Reichs unter Kaiser Wilhelm I. (großes Mittelbild) das Dornröschen-Thema (!). Selbst der Braunschweiger Löwe, im Mittelalter einst machtstrotzendes Symbol eines der größten Widersacher Goslars und Barbarossas, flankiert in zwei Kopien kätzchenfromm-dekorativ die beiden reitenden Kaiser.

Ulrichkapelle

Über die Gründung dieser bemerkenswerten Doppelkapelle ist nichts gesichert überliefert, stilistisch gehört sie jedoch nicht zum Gründungsbau der Pfalz, sondern wurde erst um 1130 errichtet. Nach neuesten Forschungen spricht einiges für Lothar III. von Süpplingenburg als Bauherrn. Wenig gottesfürchtig nutzten die Goslarer die Kapelle ab 1575 als Gefängnis und Folterkammer.

Bei der zweigeschossigen Ulrichkapelle handelt es sich um einen sehr ambitionierten Bau, der die gewohnte Geschoßfolge umkehrt, was komplizierende Konsequenzen mit sich bringt: Das im Umfang kleinere Geschoß liegt unten und erstreckt sich auf griechisch-kreuzförmigem Grundriß, während das achteckige und im Umfang weiter ausholende Geschoß oben liegt. Fein gearbeitete Trompen

dienen als Überleiter zwischen den verschiedenen Raumlichten, die hier durch eben die verkehrte Geschoßfolge außen statt innen erscheinen.
Das Untergeschoß ist in feiner, zweifarbiger Quadertechnik errichtet, wobei sich die meisten Gliederungselemente deutlich in Rotsandstein abheben. Das Obergeschoß besteht aus Bruchsteinmauerwerk, das sicher einmal verputzt war. Von den Trompen überwölbt, treten an den Kreuzarmen, beinahe vorsichtig, zarte Apsidiolen hervor. Die doppelgeschossige Hauptapsis akzentuiert leise ihren Scheitel, indem sich zu diesem hin das Höhenmaß der Wandsäulbasen steigert. Das Gliederungssystem wird bestimmt durch einen einschichtig-unprofilierten Rundbogenfries über Halbsäulen auf spornlosen attischen Basen sowie Konsolen und erinnert an St. Servatius in Quedlinburg oder an die älteren Teile der Frankenberger Kirche in Goslar. Üppiges Wandrelief, wie es unmittelbar folgend in Königslutter Verwendung fand, war hier offenbar noch nicht bekannt.
Das nischenreich wirkende Untergeschoß spielt im Inneren mit der Vielfalt der über die Fenster gekröpften Kämpferprofile und raffinierten Raummulden ebenso wie mit der Ausführung des Sockels. Im Ostarm befindet sich eine Sockelbank. Hochdurchlaufende Rundstützen auf Postamenten sind in die Vierung eingestellt. Vereinzelt lassen sich noch an den Wänden geometrische Muster entdecken - Spuren spätgotischer Malerei. Die Balustrade und die Freisäulen im Obergeschoß sind wilhelminisch.
Im Zentrum der Kapelle liegt seit dem späten19. Jahrhundert auf einem modernen Unterbau dieser Zeit die Grabplatte Heinrichs III., die einst in der Domvierung inmitten des Chorgestühls das kaiserliche Herz deckte und auf diese Weise den Monarchen und Stifter wunschgemäß am liturgischen Geschehen der Stiftskirche teilhaben ließ, während der Leichnam in Speyer beigesetzt wurde. Die steinerne Grabplatte entstand etwa um 1270 und zeigt Heinrich III. liegend mit einem zerbrochenen Szepter in der Rechten und dem gleichen Pfalzmodell in der Linken, wie sie schon 40 Jahre zuvor die rechte bärtige Kaiserfigur an der Domvorhalle in die Hand bekam. Der Hund zu Füßen Heinrichs ist wohl als Allegorie der Treue anzusehen.

Die steinerne Grabplatte Heinrichs III. mit dem Modell der Pfalz in der Ulrichkapelle

Domvorhalle

Von der ehemaligen Stiftskirche St. Simon und Judas ist heute auf den ersten Blick nicht mehr zu sehen als ihre nördliche Vorhalle. Wer genauer hinschaut, bemerkt eine eigenartige, farblich abgesetzte Pflasterung des großen Parkplatzes, der sich an die Vorhalle anschließt. Hier hat man nämlich den ursprünglichen Grundriß der (wie andernorts auch so oft) fälschlich als Dom bezeichneten Kirche mit Pflastersteinen markiert. Mehr konnten die heutigen Stadtväter Goslars für ihren „Dom" leider nicht mehr tun, da ihre Amtsbrüder des beginnenden 19. Jahrhunderts sich entschlossen hatten, 1819 den bereits stark verfallenen und für Pfarrzwecke ohnehin nie genutzten Sakralbau zu verkaufen. Bis 1822 wurde die Kirche dann abgebrochen. Zur Aufbewahrung der noch vorhandenen Kirchenausstattung diente ab 1823 die Vorhalle - ein glücklicher Umstand, der den kleinen Anbau vor dem Abbruch rettete. Inzwischen befinden sich die meisten Schätze im Goslarer Museum.
Zur ursprünglichen Gestalt der Stiftskirche ist noch hinreichend viel gesichert. Es handelte sich um eine dreischiffige, kreuzförmige Basilika mit einem Querhaus, drei Apsiden und einem von zwei Türmen bekrönten Westriegel,

dem noch eine kleinere Eingangshalle mit siebenfach gestuftem Portal vorgelagert war. Der 1051 geweihte Ursprungsbau war, dem Entwicklungsstand sächsischer Architektur entsprechend, noch flachgedeckt. Ein sächsischer Stützenwechsel (Pfeiler-Säule-Säule-Pfeiler) ist nachweisbar. Unter dem Chor lag eine dreischiffige Säulenkrypta (Säulenreste bewahrt die Vorhalle). Kaum noch umstritten und von immer mehr Fachleuten als höchstwahrscheinlich erachtet, ist die Hypothese eines weitgehenden Neubaus der Stiftskirche im 12. Jahrhundert, zeitgleich mit dem Bau der nördlich ansetzenden Domvorhalle, wofür Gestalt und Lage dieser zum Domgrundriß sprächen. Danach hätte man das Gewölbe des „Doms" also nicht nachträglich in das Gemäuer des 11. Jahrhunderts eingezogen, sondern den ersten gewölbten Kirchenbau Sachsens auf dem Grundriß des Vorgängers neu errichtet und damit, in Bezug auf diesen Superlativ, der Braunschweiger Stiftskirche den Rang „abgelaufen".
Die Domvorhalle ist eine dreischiffige sogenannte pseudobasilikale Anlage, da zwar das Mittelschiff die Seitenschiffe überragt, jedoch keine Obergadenfenster besitzt. Die Kapelle ist durchgehend gewölbt und empfängt den Betrachter mit einer äußerst repräsentativen Schaufront, die sich durch ein großes rundbogiges Doppelportal und

Inneres der Domvorhalle mit Kaiserstuhlschranken

zwei flankierende Biforien öffnet. Das große Portal wird von einer bemerkenswerten Säule geteilt, die in grober Form eine der reichverzierten Säulen der Riechenberger Krypta (heute der Öffentlichkeit nicht mehr zugänglich) kopiert und sogar beinahe ein identisches Abbild einer Gewändesäule im Portal des südlichen Seitenschiffs des Doms in Verona (ein Werk von Nikolaus) darstellt. Der Steinmetz hat sich im Kapitell per Signet ver-ewigt: "Hartmanus statuam fecit basisque figuram (Hartmann fertigte die Säule und die Figur der Basis)". Der mit einem Ranken-Palmetten-Relief ringsum verzierte Schaft ruht samt Basis auf einem stark verwitterten Löwen. Im rechten Portalgewändefries ist das Blattwerk zu Negativformen hervorgeklappt. All diese gestalterischen Auffälligkeiten zeigen eindeutig oberitalienischen Einfluß Nikolaus'scher Schule und lassen zwingend nur ein direktes Vorbild erkennen: die Stiftskirche in Königslutter. Als bedeutendster Kirchenbau Sachsens des 12. Jahrhunderts und noch dazu als Grablege Kaiser Lothars III. nebst Gemahlin wirkte Königslutter auf viele Nachfolgebauten des Herzogtums.

Über dem doppelbogigen Portal sind in zwei Registern etwa 2,60 Meter hohe, farbig gefaßte Stuckfiguren angebracht, die mittels Muldennischen ins Mauerwerk zurückgesetzt sind. Zentral über allen steht im Mittelschiffsgiebel die Himmelskönigin, die von gemalten Engeln links und rechts „beweihräuchert" wird. Diese Malereien dienen lediglich als Ersatz für verlorengegangene Plastiken! In der unteren Reihe finden sich in der Mitte die drei Schutzheiligen: Matthias zwischen Simon und Judas, flankiert von zwei Herrschern mit Gebäudemodellen in Händen. Über die Deutung dieser beiden Figuren herrscht (wohl unnötige) Unklarheit: Da die linke ein Dommodell (übrigens mit übergroßem Vierungsturm) trägt, könnte es sich um Heinrich III. als Ursprungsbau-Stifters handeln. Der rechte ist vielleicht dessen Sohn Heinrich IV., der in Goslar auf der Pfalz aufwuchs und auch später viel Zeit hier verbrachte (der Plastik ist ein Modell der Pfalz beigefügt). Oder: der rechte, bärtig und deutlich älter dargestellte Herrscher könnte Heinrich III. sein, auf dessen Grabplatte in der Ulrichkapelle in mittelalterlich-identischer

Form das Pfalzmodell wieder auftaucht, während es sich bei der linken bartlos-jung gestalteten Figur möglicherweise um den Stifter des Gewölbebaus aus dem 12. Jahrhundert handelt.
Das Mittelschiff wird aus zwei Jochen gebildet und ist auf Gurten mit einer Rundbogentonne überwölbt, in die queroval gestellte Stichkappen schneiden. Um ein echtes Kreuzgratgewölbe handelt es sich hierbei noch nicht. Hinter gedrungenen Doppelarkaden befinden sich die einst durchgehenden Seitenschiffe mit eingestellten stämmigen Winkelsäulen. Das gesamte Innere prägt ein konsequentes System von Pfeilern, die von Kantensäulchen verziert sind. Von der Vorhalle gelangte man durch ein mehrfach gestuftes Portal mit Freisäulen, profiliertem Gewände, andersartig profilierter Archivolte sowie seitlich umlaufenden, unabgeschnittenen (!) Viertelkreisarmen in das nördliche Seitenschiff der Kirche. Das Portal gilt als reifstes Gewändesäulenportal Sachsens nach den Vorstufen der Stiftskirchen Quedlinburg und Königslutter. Die Palmettenfächerkapitelle sind direktes „Erbe" der Kreuzgangsäulen in Königslutter (Nikolaus). Am Portalgewände finden sich noch Reste figürlicher Malerei.
Vom steinernen Löwen und dem großen Palmettenkapitell abgesehen, befinden sich in der Vorhalle heute vor allem Reste der geretteten Domarchitektur. Dazu gehören gedrungene Säulen aus der Krypta, ein achteckiges Rotsandsteinkapitell (um 1050) aus dem Mittelschiff sowie die Sandsteinschranken des sogenannten Kaiserstuhls (heute im Museum), die ursprünglich im Dom südlich des Kreuzaltars in Ost-West-Lage vor dem Lettner gestanden haben. Die Schranken (1. Drittel 13. Jahrhundert) sind mit figürlichem Schmuck in stark profilierten Kassetten verziert. Den Thronzugang „bewachen" seitlich Drache (links) und Löwe (rechts), die anderen Flächen sind mit Fabelwesen und Masken besetzt. Rücken- und Seitenlehnen des Throns stellen eine bedeutende Bronzegußarbeit des mittleren 12. Jahrhunderts dar (durchbrochenes Ranken- und Blattwerk), sind derzeit aber demontiert. Der Goslarer Thron ist neben denen in Aachen und Paderborn der einzig erhaltene seiner Zeit.

Romanische Malereien in der Neuwerkkirche Goslar

Neuwerkkirche

Eine Urkunde vom 1. Januar 1186 bestätigt, daß Reichsvogt Volkmar von Wildenstein und dessen Ehefrau Helena vor dem Rosentor auf eigenem Grund und Boden ein Kloster gestiftet haben, was die Zustimmung des Bischofs Adelog von Hildesheim fand. Besetzt wurde die Stiftung noch im selben Jahr durch zwölf Benediktinerinnen aus Ichtershausen und deren Äbtissin Antonia. Bischof Adelog kam zweimal in dem Jahre vor das Goslarer Rosentor, um zum einen den Hochaltar der (noch nicht fertiggestellten) Klosterkirche zu weihen und dem Kloster selbst den Namen „St. Maria in horto“ (Maria im Garten) zu geben und zum anderen im August einen weiteren von Volkmar gestifteten kleinen Altar im südlichen Teil der Kirche zu weihen. Der heutige Ostteil der Kirche war noch nicht fertig, wohl aber standen schon fast alle Klosterbauten, als die Klosterfrauen in Goslar eintrafen. Der Bau der übrigen Kirchenteile zog sich noch mindestens bis in das erste Drittel des 13. Jahrhunderts hin, da u.a. die Arbeiten während der Kämpfe zwischen Staufern und Welfen ruhten. Bis heute hält sich übrigens die nicht belegte Sage, daß Gunzelin, der Feldherr Heinrich des Löwen, von Äbtissin Antonia in die Stadt gelassen wurde, wo die welfischen Heerscharen tagelang auf das Grausamste wüteten. Vielleicht liegt dieser ketzerische Vorwurf nur darin begründet, daß besonders in den ersten Jahrzehnten seines Bestehens der Konvent am Rosentor bei den Goslarern einen äußerst üblen Ruf bekam, und man den fremden Nonnen solch eine Freveltat anhängen wollte. Dies lag vor allem wieder am zuchtlosen Leben der Nonnen, das sich in der ersten Hälfte des 13. Jahrhunderts derart zuspitzte, daß die Zustände in dem Kloster Gegenstand eines vom Hildesheimer Bischof eingeleiteten Prozesses wurden. Eine gründliche Reinigung des Konvents war unumgänglich und so verließ man sogar den Benediktiner-Orden. Fortan lebte man nach den strengeren Regeln der Zisterzienser. Ob der Konvent allerdings Mitglied im Ordensverband wurde, ist bis heute nicht geklärt. Den Namen „St. Maria in horto“ büßte der Konvent nach neuen Erkenntnissen mindestens 1201, und nicht erst mit den genannten Querelen 20 Jahre

später, ein. Ab 1201 ist der Name „novum opus“ (Neuwerk) überliefert.
Mit dem Bau der Klosterkirche wurde etwa 1173 begonnen. Sie präsentiert sich dem Besucher als einzige Goslarer Kirche noch heute fast komplett in der spätromanisch-frühgotischen Form, in der sie um 1225/30 vollendet wurde. Selbst der Dachstuhl ist noch mittelalterlich, da er zwar restauriert, aber nicht ausgewechselt wurde. Neuwerk ist eine kreuzförmige Basilika mit östlichem Querhaus, Chorquadrum, Haupt- und zwei Nebenapsiden und einem von zwei Türmen bekrönten Westbau. Die Türme sind stark an denen des ehemaligen Goslarer „Doms“ orientiert, ebenso wie die der Goslarer Marktkirche. Der querrechteckige Unterbau des Riegels ist mit Lisenen sowie Bogenfriesen gegliedert. Über der bei Klosterkirchen unwesentlichen Westpforte befindet sich ein Rundfenster. Im Zwischengeschoß, das etwa die Höhe des Obergadens im Mittelschiff erreicht, wird durch Halbpyramiden an den Diagonalflächen das Oktogon der Türme vorbereitet, deren oberster Bereich nach allen Seiten in rundbogigen, durch Blendbogensäulchen geteilte Öffnungen den Schall entlassen. Das Hauptportal an der Nordseite trägt ein bemaltes Tympanon (um 1240) mit der thronenden Maria zwischen zwei anbetenden Heiligen. Prunkstück des Außenbaus, der größtenteils aus unregelmäßig gebrochenem, einst verputzten Sandstein aufgeführt ist, stellt die aufwendig gestaltete Hauptapsis dar, die äußerlich aus zwei Geschossen besteht. Das untere Geschoß ist mit Halbsäulen unter gekehltem Rundbogenfries gegliedert. Im Obergeschoß dienen dem Lichteinfall die drei langen Rundbogenfenster, die von insgesamt sechs freistehenden und besonders an den Schäften reich und unterschiedlich verzierten Vollsäulen flankiert werden. Auf deren Kapitellen ruht eine fünfteilige Rundbogenarkatur. Der Einfluß der Lombardei, der sich erstmals auf sächsischem Gebiet an der Stiftskirche in Königslutter zeigte, ist hieran noch immer deutlich zu spüren. Wahrscheinlich hat man in diesem Fall aber nicht direkt von Königslutter, sondern von der gerade entstandenen Domvorhalle „abgeguckt“.
Die Klosterkirche entstand im sogenannten gebundenen

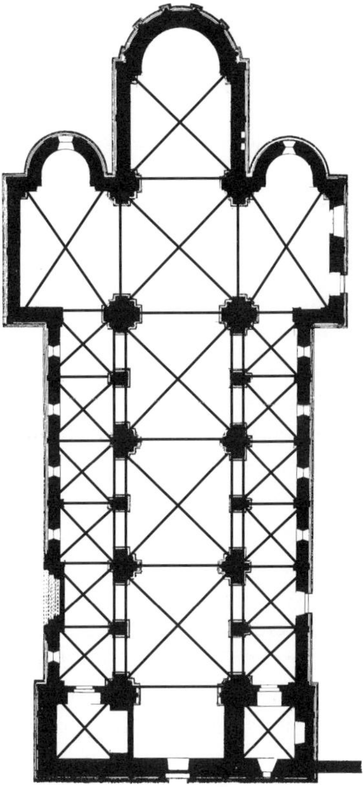

Grundriß der Neuwerkkirche

System, es entsprechen also in mittelalterlich genauester Geometrie die Längen je zweier Seitenschiffjoche einem Joch im Mittelschiff. Flachgedeckt war Neuwerk, im Gegensatz zu den meisten anderen romanischen Kirchen, von Beginn an nicht, da sich während der langen Bauzeit die Architektur weiterentwickelte und man sich gleich an neuen Techniken versuchen konnte. Auf diese Weise kann Neuwerk als die einzige von Anfang an gewölbte Kirche Goslars gelten, wenn man den Domneubau um 1150 außer acht läßt. Die paarweise dicht beieinander stehenden rundbogigen Obergadenfenster beweisen auch, daß ursprünglich schon eine Deckenwölbung beabsichtigt war. Die Seitenschiffe erhielten Kreuzgrat-, Chor, Mittelschiff und Querschiffsarme jedoch Kreuzrippengewölbe. Der Übergang beider großen Architekturepochen prägt auch das übrige Kircheninnere, was in großen Teilen einem Steinmetzen namens Wilhelm zuzuschreiben ist. Ihn preist ein Spruchband, das ein Stuckengel in einem südlichen Arkadenzwickel trägt: „Mira facta vide laudando viri lapicida Wilhelmus“ (Betrachtet lobend die wundersamen Werke des Steinmetzen Wilhelm). Zu den auffälligsten Ideen dieses Künstlers gehören an den vier Hauptpfeilern des Mitteljochs die eigenwillig geformten Dienste, die sich

Hauptapsis der Neuwerkkirche

knapp oberhalb der Mittelschiffsarkaden vom Pfeiler lösen und plastisch freistehend einen Halbring bilden. In die beiden östlichen dieser so entstandenen Ösen hängte Wilhelm dann noch je einen steinernen Ring (Kranz) ein, von denen er einen plastisch zur sich selbst verschlingenden Schlange (die Verdammnis) gestaltet hat. Die westlichen tragen Masken, die an Dämonen mahnen. Als Mischklosterkirche besaß Neuwerk natürlich auch einen reichgeschmückten Lettner, der allerdings Mitte des 19. Jahrhunderts abgebrochen wurde. Seit1950 befinden sich die Stuckreliefs an der Brüstung der Orgelempore. Den vorkragenden Mittelteil des Lettners sowie den Laienaltar und die Lesekanzel hat man so angeordnet, daß dieser heutige westliche Abschluß des Mittelschiffs wohl der ursprünglichen Lettnergestalt zwischen den westlichen Vierungspfeilern entspricht. Der von vier kleinen Säulchen unterstützte, vorkragende Mittelteil wird von vier Stuckreliefs geschmückt: zwei an den Seiten (Petrus und Paulus) und zwei an der Front (jeweils thronend: Christus und Maria). Die vorderen Reliefs sind links und rechts von Säulen flankiert. Die Lettnerreste stammen aus der Zeit zwischen 1220 und 1230.

Beeindruckend ist außerdem die auf romanische Reste zurückgehende Ausmalung von Chor und Hauptapsis. Die Originalmalerei wird etwa in den Zeitraum um 1230 datiert und wurde 1874/75 entdeckt, freigelegt und etwas

freihändig ergänzt. 1950 hat man versucht, diese Übermalungen zu entfernen. Heute beherrscht die Szenerie in der Kuppel der Apsis die thronende Maria mit dem Christuskind auf dem Schoß, auf den Thronstufen zwölf Löwen. In der Chorkuppel dominiert Christus in segnender Gestik umgeben von Engeln. Die detailreichen Darstellungen im Fensterbereich setzen vor allem Szenen aus dem Alten Testament um.
Aus romanischer Zeit stammen auch drei der insgesamt fünf Glocken. Zwei werden um 1200 datiert (eine mit Inschrift in romanischen Kapitalen) und die dritte ist etwa 20 bis 30 Jahre jünger. Sie ist ebenfalls mit einer Inschrift sowie mit insgesamt neun Medaillons versehen. Die beiden übrigen wurden zu Beginn des 14. Jahrhunderts gegossen. Zur Ausstattung der Kirche gehören weiterhin auf dem Altar im südlichen Seitenschiff eine Pietà aus Lindenholz mit einer Reliquie an der Rückseite (1476) sowie eine zweite Pietà auf dem nördlichen Nebenaltar aus Eiche (Mitte des 15. Jahrhunderts). Die romanischen Grabmäler der beiden Stifter Volkmar von Wildenstein und Gemahlin Helena befanden sich einst im Zentrum der Vierung, wurden aber spätgotisch ersetzt und sind seit 1965 im nördlichen Querschiffsarm aufgestellt.

Bad Gandersheim

Stiftskirche

Als Frankenkönig Karl der Große seine blutigen Sachsenkriege zur Christianisierung der heidnischen Ostvölker führte, entstand am Ufer der Gande eine kleine Handelssiedlung. Dieser sogenannte Wik lag direkt an einem Übergang über das Flüßchen und gleichzeitig im Kreuzungsbereich zweier bedeutender Handelsstraßen, von denen eine sicher schon die ab dem 10. Jahrhundert nachgewiesene Heerstraße vom Niederrhein an die Elbe war. Die Siedler errichteten sich bald darauf ihr eigenes Gotteshaus, die kleine Georgskirche. Im Jahre 780 schenkte die sächsische Grafenfamilie der Liudolfinger dem Kloster Fulda die Güter um den Wik an der Gande, da diese Adelsfamilie mit Karl dem Großen in Frieden lebte und bereits zum Christentum bekehrt war. Den Fuldaer Missionaren kam der neue Landbesitz im Osten sehr gelegen, weshalb sie bald darauf das Benediktinerkloster Brunshausen gründeten, dessen fünfter Nachfolgebau noch heute am nördlichen Stadtrand Gandersheims zu besichtigen ist. Brunshausen gilt als älteste christliche Missionsstätte in Niedersachsen. Erst 70 Jahre später riefen der Graf und spätere Herzog Liudolf sowie seine Gemahlin Oda das Kanonissenstift Gandersheim ins Leben, das sich vom Gründungsjahr 852 an zum Mittelpunkt der Siedlung entwickelte. So verlagerte sich bald der Markt von der Georgskirche hinüber zum Stift, um das sich eine neue Siedlung bildete. St. Georg lag auf diese Weise bald außerhalb der Befestigungsanlagen. Während Stiftskirche und -gebäude langsam wuchsen, lebten Konvent und Äbtissin als Gäste in Brunshausen. Karolingerkönig Ludwig der Jüngere III. verlieh dem Stift 877 Reichsunmittelbarkeit und stellte es so unter königlichen Schutz.

Die erste Weihe der Stiftskirche erfolgte schließlich 881. In den darauffolgenden Jahren diente das Stift der Ausbildung der Töchter des sächsischen Hochadels und blieb anderen verschlossen. Als dann aber der Liudolfinger Heinrich I. 919 in Fritzlar zum ersten deutschen König gewählt wurde, sollten sich die Gepflogenheiten in Gandersheim ändern, denn neben dem Quedlinburger Stift gehörten künftig die Anlagen in Gandersheim zu den bevorzugten Aufenthaltsorten ottonischer Herrscher. Otto I. - III. fühlten sich hier alle wohl, so daß das Stift sehr schnell auch die Funktionen einer Pfalz übernehmen mußte. Schon 990 erhielt Gandersheim das Markt-, Münz- und Zollrecht, und seit 1159 darf es sich Stadt nennen.

Mittelpunkt des Ortes ist stets das Stift und dessen Kirche gewesen, die im Volksmund teils als Münster, teils sogar als Dom bezeichnet wird. Das äußere Bild dieser Stiftskirche haben bereits im Mittelalter mehrere Brände stark verändert. Teilweise hat man hierbei Übriggebliebenes für den Wiederaufbau genutzt, Zerstörtes aber meist in völlig neuer Form wiederaufgebaut. Von einer „turris occidentalis“ spricht die Überlieferung, als 926 ein neuer Westbau geweiht wurde. Da er heute nicht mehr existiert, kann man nur vermuten, daß er die seltene Form eines Westwerks

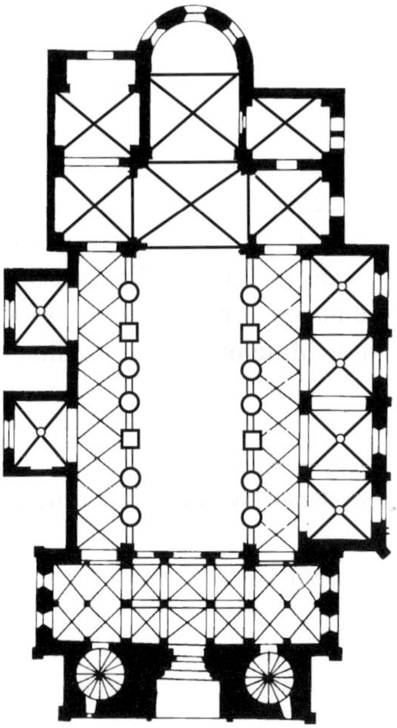

Grundriß der Stiftskirche

besaß (mit sakralem Raum im Inneren), wie sie vom Kloster Corvey bekannt ist. 973 fraßen sich die Flammen eines verheerenden Brandes gierig durch die Kirchenmauern, die bis zur Neuweihe 1007 wieder standen. Doch der nächste Großbrand lauerte schon und so versanken große Teile des Gebäudes Mitte des 11. Jahrhunderts abermals in Schutt und Asche. Aus dem anschließenden bis zum Ende des 11. bzw. sogar bis Anfang des 12. Jahrhunderts dauernden Wiederaufbau ging ein erheblicher Teil der Stiftskirche in ihrer heutigen Gestalt hervor. Historiker schreiben dieses Aufbauwerk der Äbtissin Adelheid II., einer Schwester Heinrichs IV., zu, die vor allem den westlichen Quertrakt umbauen, das Mittelschiff neubauen und eventuell noch die Krypta einbauen ließ. Mitte des 12. Jahrhunderts richtete ein weiterer Großbrand abermals so gravierende Verwüstungen an, daß sich erneute umfangreiche Bauarbeiten nicht vermeiden ließen. Dabei verzichtete man fortan in den Seitenschiffen, dem Chor und den Nebenchören auf die flachen Holzdecken zugunsten einfacher Kreuzgratgewölbe. Das Mittelschiff wurde erhöht und auf den Westbau setzte man die beiden relativ kurzen Türme. Kein romanisches Original mehr ist die halbkreisförmige Hauptapsis im Osten, da sie an der Wende vom 17. zum 18. Jahrhundert völlig neu aufgemauert wurde. Nur die Spuren im Mauerwerk erinnern heute noch an das ehemalige Paradies, ein doppelgeschossiger Vorbau vor dem gestuften Westportal, der spätestens 1840 abgerissen wurde. Auch

manche Kapitelle und Basen sind im Laufe der Jahrhunderte verändert oder ergänzt worden, beides nicht immer nach heutigen denkmalpflegerischen Gesichtspunkten. Doch stellt die Stiftskirche Gandersheim trotz alledem, verglichen mit dem im 19. Jahrhundert abgerissenen Goslarer „Dom“ oder dem nach dem II. Weltkrieg größtenteils rekonstruierten Hildesheimer Dom, ein Baudenkmal von hoher kulturgeschichtlicher Bedeutung dar.
Die heutige Stiftskirche ist eine im Mittelschiff flachgedeckte Basilika mit inzwischen eingewölbten Seitenschiffen, ebensolchem Querhaus und leicht eingezogener halbkreisförmiger Apsis als Abschluß des Hohen Chores über einer Krypta. Nebenapsiden fehlen, andererseits schiebt sich zwischen Westriegel und Langhaus ein westlicher, räumlich komplizierter Quertrakt, der manchmal als Querhaus bezeichnet wird, im eigentlichen Sinne aber keins ist. Vielmehr handelt es sich um eine Säulenhalle mit je einem seitlichen Nebenraum. An die romanischen Seitenschiffe schließen sich im Norden zwei, im Süden vier gotische Kapellen an, deren Trennwände inzwischen beseitigt sind. Dem Querhaus folgen nach Osten hin kapellartigeRäume mit älteren Mauerspuren.
Die Kirche, ja selbst die weitergefaßte Stiftsfreiheit, „leben“ rein optisch vom beeindruckenden Westbau mit seinem hochliegenden Glockenhaus und den relativ kurzen achteckigen Türmen. Der helle, auffällige Kalkstein des Mauerwerks und die besondere Form des Westbaus ziehen sofort die Aufmerksamkeit auf sich. Wirklich rechteckig ist der Westbau nämlich nur im unteren Geschoß, das ein Rundbogenfries noch im Höhenbereich des Westportals abschließt. Darüber schrägen sich bereits die Seiten so ab, daß sie schon in Emporenhöhe recht unmerklich in die entsprechenden Seiten der oktogonalen Türme übergehen können. In der Breite des Mittelschiffs erhebt sich im Inneren des Westbaus ebenerdig ein hoher Mittelteil, der rechts und links von je einer niedrigeren Halle gesäumt wird. Die kleinen Hallen werden von den Wänden und je einer in der Mitte „postierten“ Vierpaßsäule getragen. Über der hohen Halle befindet sich noch der sogenannte „Fräuleinchor“ oder auch die „Fräuleinempore“, die ursprünglich als Herrschaftsloge diente, da vor allem in

Der Westbau der Stiftskirche in Bad Gandersheim

ottonischer Zeit Stift und Königshaus eng verbunden waren. Diese Empore öffnet sich zum Mittelschiff in drei Arkaden, von denen die beiden seitlichen in zwei Bögen gegliedert sind. Unter dem Gratgewölbe der Empore befindet sich heute die Orgel. Das Langhaus weist im Mittelschiff eine architektonische Merkwürdigkeit auf, die Generationen von Historikern zum Grübeln brachte: Der klassisch sächsische Stützenwechsel (Pfeiler-Säule-Säule-Pfeiler) zieht sich in zwei Folgen nach Osten, wo plötzlich vor der Vierung ein einfacher Wechsel einsetzt. Offensichtlich war auf einmal durch die übernommenen Maße des Vorgängerbaus der Platz knapp geworden. Das Mittelschiff entstand demnach von Westen nach Osten. Merkwürdig ist außerdem die bis heute flache Decke des Mittelschiffs, waren doch architektonisch mit rechteckigen Vorlagen an den Langhauspfeilern die Bedingungen für eine Einwölbung wie in den Seitenschiffen gegeben. Wahrscheinlich boten die extrem unterquadratischen Joche im 12. Jahrhundert hier zu große wölbtechnische Probleme. Mitte des 19. Jahrhunderts beendete man schließlich kurzerhand diesen unfertigen Zustand, indem man die Vorlagen wieder entfernte. Den Hohen Chor trägt die dreischiffige, vierjochige Krypta mit einem Kreuzgratgewölbe, das auf Säulen mit Würfel- und Zungenblattkapitellen ruht. Von einem Umbau im Jahre 1912 stammen der Lettner, die nördliche Chorschranke sowie die Empore im südlichen Querhausarm.

Ein großer Teil der ursprünglichen Ausstattung der Stiftskirche befindet sich inzwischen außerhalb, vor allem im Herzog-Anton-Ulrich-Museum in Braunschweig. Dennoch bietet auch aus romanischer Sicht die heutige Ausstattung noch genügend Sehenswertes, so die sechs Apostelfiguren (um 1150) im südlichen Seitenschiff, ein Steinrelief mit der Hand Gottes (Mitte 12. Jahrhundert, eine Hypothese geht sogar vom Beginn des 11. Jahrhunderts aus) im südlichen Teil des westlichen Querschiffs, ein byzantinisch ornamentiertes Kristallfläschchen für eine Heilig-Blut-Reliquie (es soll sich um eine Schenkung Liudolfs und Odas an das Stift handeln) und zwei Stuckfiguren (Mitte 12. Jahrhundert), die ursprünglich aus dem Kloster Clus stammen und jetzt zur Münstersammlung in

der Kapitelstube gehören (nördlicher Seitenraum im Obergeschoß des Westbaus). Wertvoll und bedeutsam sind außerdem ein bronzebeschlagener Holzkasten mit Intarsien (Mitte 12. Jahrhundert), ein Reliquienkästchen aus Eiche mit einer in Kupfer gravierten Inschrift sowie textile Fragmente, darunter die Darstellung eines berittenen Herrschers auf byzantinischer Seide (8. Jahrhundert). Anziehungspunkt ist auch die eichene Figur des Stifters Liudolf, die sich in der Antoniuskapelle befindet und etwa um 1270 geschaffen wurde. Der sächsische Herzog ist überlebensgroß mit weitem Gewand und einem klingeaufwärts gehaltenen Schwert in der Linken sowie einem Modell der romanischen Stiftskirche in der Rechten dargestellt. Sehenswert sind natürlich auch der gotische Dreikönigsaltar am Lettner, der Bartholomäusaltar (1520) in der Vierung, der Marienaltar (1521) in der Antoniuskapelle und ein fünfarmiger, etwa mannshoher Bronzeleuchter (um1430) auf dem Hohen Chor, gleich hinter dem Altartisch.
Im 10. Jahrhundert war das Stift eng mit dem Namen Hrotsvit (Roswitha von Gandersheim) verbunden. Sie gilt als erste deutsche Dichterin, deren Werk von einigen Literaturwissenschaftlern als Beginn der abendländischen Frauenliteratur angesehen wird, die - von Ausnahmen wie Hildegard v. Bingen, Mechthild v. Magdeburg abgesehen - erst Jahrhunderte später in der Epoche des Humanismus ihre Fortsetzung fand. Roswitha (935-973) entstammt einer sächsischen Adelsfamilie, wahrscheinlich sogar der der Liudolfinger, und entwickelte im Kanonissenstift in Gandersheim ihre literarischen Talente weiter, gefördert von der Äbtissin Gerberga, die eine Nichte Otto I. war. Sicher hängt damit auch Roswithas berühmtes „Ottolied“ zusammen, eine Huldigung in Versform Ottos des Großen. Sie schrieb zahlreiche Dramen und Verslegenden, wozu sie sich der lateinischen Sprache bediente. Für das 10. Jahrhundert sprühen die Schilderungen der Roswitha geradezu vor Lebendigkeit, ja selbst ein Hauch Erotik (meist bedingt durch die Bearbeitung heidnisch-römischer Komödien) fehlt oft nicht. Als erste(r) Dichter(in) im gesamten deutschsprachigen Raum griff sie das Thema des „Pakts mit dem Teufel“ auf, was später über Goethe hinaus immer wieder die Literaten beschäftigte.

Blankenburg

Burgruine Regenstein

Auf einem an seiner höchsten Stelle 296 Meter ü.NN aufragenden Sandsteinrücken vor den Toren Blankenburgs liegt die Burgruine Regenstein. Die Herkunft des bildhaften Namens ist nicht geklärt, vermutlich hat er aber nichts mit Niederschlagsreichtum zu tun, sondern ist auf die altsächsische Vokabel „regin“ zurückzuführen, was für „hochaufragend“ und „erhaben“ steht. Auch die Bezeichnung „Burgruine“ ist etwas irritierend, denn wer Anlagen wie Querfurt, Rudelsburg, Eckartsburg oder Neuenburg erwartet, wird enttäuscht sein. Dennoch bietet der Regenstein eine bemerkenswerte Besonderheit: In dem Sandsteinfelsen haben sich mehrere ins Gestein gehauene Räume erhalten.
Im Eingang zum sogenannten Teufelsloch im Südosten der Anlage findet sich die in den Fels geritzte Inschrift ANNO MXC DIE ANNE, die auf den 26. Juli (Annentag) des Jahres 1090 hinweist. Was es mit dieser Inschrift auf sich hat, und ob sie überhaupt echt (auf die Jahreszahl bezogen) ist, hat man noch nicht zweifelsfrei ermitteln können. Urkundlich erwähnt wurde die Feste zum ersten Mal 1169, als ein „comes Conradus de Regenstein“ genannt wird. Doch Ergebnisse von Ausgrabungen aus dem Beginn der 90er Jahre des 20. Jahrhunderts belegen, daß die gemauerte mittelalterliche Burg schon um 1100 bestanden hat. Die Regensteiner Grafen entwickelten sich zu mächtigen Feudalherren im gesamten Harzgebiet, denen zahlreiche Burgen gehörten und die sogar die Gerichtsbarkeit über Quedlinburg eine zeitlang inne hatten. Unter den Regensteinern hat es keiner vermocht, die Burg einzunehmen. Doch die Macht dieses Grafengeschlechts wurde 1348 gebrochen. Um 1500 gaben die Regensteiner die Anlage auf und residierten auf der Blankenburg, wo schließlich 1599 das Geschlecht der Blankenburg-Regensteiner Grafen erlosch. 1671 bauten brandenburgisch-preußische Truppen die strategisch günstig gelegene Ruine zur Festung aus, die 1758 zerstört wurde. Interessant war der Regenstein aber auch noch viel später für heiße und kalte

Romanischer Bergfried auf dem Regenstein

Krieger. 1944 ergruben KZ-Häftlinge im Fuß des Sandsteinmassivs ein Stollensystem unter „höchster Dringlichkeitsstufe" zum Aufbau eines Zulieferbetriebs für die V2-Produktion in DORA bei Nordhausen, und die NVA baute die Stollen sogar noch erheblich unter modernsten Gesichtspunkten aus, um hier ein riesiges Munitionslager unterzubringen.

Die ältesten Teile der Ruine sind die von Menschenhand geschaffenen Höhlen, über die man wenig weiß und die möglicherweise noch aus romanischer Zeit stammen. Immerhin besitzen sie sogar sorgfältig aus dem Fels gehauene rundbogige Fensteröffnungen und Portale. Vielleicht sind sie aber auch viel älter. Der größte Raum befindet sich

südlich vom Durchgang in der ehemaligen Oberburg und diente wahrscheinlich einmal als Kapelle. Eine auffallende Erhebung, zu der zwei Stufen führen, wird heute als ehemaliger Altar gedeutet. Der zweite steinerne Raum auf der gegenüberliegenden Seite des Durchganges ist etwas kleiner und könnte vielleicht Wohnzwecken gedient haben. Aber auch andere Funktionen wären denkbar, da für die ehemalige Nutzung keine Anhaltspunkte bestehen. Am Nordende der Burganlage, noch vor dem sogenannten „verlorenen Posten", liegt das Verlies. Hierbei handelt es sich um einen im Durchschnitt quadratischen Schacht, der fünf Meter tief in den Fels getrieben und am unteren Ende leicht erweitert wurde. In dieser kleinen Zelle schmachteten gelegentlich unliebsame Gäste.
Von der urkundlich nachgewiesenen romanischen Burg sind lediglich kleinste Reste des Mauerwerks oberhalb der Grotten und der markante Stumpf eines Bergfrieds erhalten. Dieser Turm hat vermutlich den größten Teil seiner (nicht bekannten) ursprünglichen Höhe eingebüßt und ragt jetzt nur noch sechs Meter auf. Dafür sind seine Mauern drei Meter dick. Die Zerstörung geht vor allem auf Blitzeinschlag zurück. Zum Bau des Bergfrieds wurde erstaunlicherweise nicht der unter den Füßen vorhandene Sandstein verwendet, sondern der um einiges härtere Rogenstein.

Stecklenberg

Burgruine Lauenburg

Die immer noch beeindruckende Ruine der Lauenburg liegt auf einem Ausläufer des Rambergmassivs in der Nähe des kleinen Ortes Stecklenberg bei Thale. Neben der Harzburg gehörte sie hinsichtlich ihrer Ausmaße zu den größten Burgen des Harzgebietes und wurde vermutlich von Kaiser Heinrich IV. als Reichsburg gegründet. Erstmals urkundlich erwähnt wurde die Lauenburg im Jahre 1164, als sich am 8. März der sächsische Pfalzgraf Adalbert von Sommerschenburg hier aufhielt und ein Schriftstück ausfertigte, das mit den Worten schloß: „actum in castro meo Lewenberch" (verhandelt auf meinem Schlosse Lauenburg). Wegen der Nähe zur Stecklenburg entstand die Vermutung, beide hätten früher als Burgengruppe zusammengehört, ähnlich der Rudelsburg und Burg Saaleck bei Bad Kösen. Es besteht sogar eine Sage über einen (nie entdeckten) unterirdischen Gang zwischen den beiden Festen. Die Stecklenburg befand sich im Mittelalter jedoch im Besitz der Edlen von Hoym, die mit der Lauenburg nichts zu tun hatten, zumindest hat man bisher in der Überlieferung keinen Hinweis darauf gefunden. Schon der Umstand, daß zur Lauenburg kein kultiviertes Ackerland und auch kein Forst gehörten - die Waldgebiete ringsum waren Quedlinburger Stifts- und Stadtbesitz - spricht dafür, daß es sich um eine Reichsburg mit Verteidigungs- und Sicherungsfunktion handelte. Eine Hypothese besagt, daß schon Heinrich I. die sich am Königssitz Quedlinburg kreuzenden bedeutenden Heerstraßen mit einer großen Reichsburg sichern wollte.

Die Besitzer der Burg wechselten im Mittelalter noch oft. Schon 1165 kam sie an Heinrich den Löwen, der sie 1180 an Friedrich I. (Barbarossa) abtrat. 1280 ist die Lauenburg im Testament Ottos IV. genannt, dann ging sie gleich mit der Vogtei Quedlinburg an Markgraf Otto von Brandenburg, der wiederum die Regensteiner Grafen damit belehnte. Schauplatz heftiger Machtkämpfe zwischen den Halberstädter Bischöfen und den Regensteiner Grafen war die noch von Barbarossa seinerzeit als „stark befestigte Burg“ definierte Anlage seit Ende des 13. Jahrhunderts, bis schließlich 1350 einer der Halberstädter Kleriker die Burg eroberte. Später hat derselbe Bischof sie auch wieder instandgesetzt. Bis 1477 wird sie als bischöfliches Schloß genannt und später als Steinbruch genutzt.

Die Lauenburg ist geteilt in Vor- und Hauptburg, die zwei tiefe Halsgräben voneinander trennen. Trotz der steilen Lage auf einem nach Osten nur schwach abfallenden Felsrücken findet sich ringsum noch ein weitverzweigtes Wall-Graben-System. Die Vorburg liegt höher als die Hauptburg, westlich von dieser und wartet noch mit beeindruckenden Resten der Ringmauer (ein Teil eingestürzt) und des viereckigen Bergfrieds auf. Der Einstieg zum Turm liegt relativ niedrig in 4,50 Meter Höhe über dem Burghof. Die ausgedehnte Hauptburg erstreckt sich auf

Ruine Lauenburg

sichelförmigem Grundriß über 140 Meter Länge. Zu einer Art Angriffsspitze fließen jeweils die zweigeteilten Westmauern der beiden Bergfriedruinen und der Ringmauer zusammen, gleich einem Schiffsbug. Zugänglich ist die Hauptburg über den westlichen Halsgraben durch Reste eines Zwingers. Dieser führt nördlich der Burg-Kapelle zu einem stark befestigten Torgang, der früher sicher eingewölbt war. In der Nordwand des Tores ist noch eine rundbogige Öffnung zu sehen, die vermutlich zur Wachstube geführt hat. Die Burg-Kapelle, die zwischen den Bergfrieden lag, ist ebenfalls nur in Resten erhalten geblieben. Von dem ehemals einschiffigen Sakralbau mit eingezogenem Chor und nicht abgesetzter Apsis führt eine Treppe zu einem gewölbten Gang, durch den man zum Torbau gelangt. Archäologische Funde aus der Zeit der Romanik sind im Schloßmuseum Quedlinburg ausgestellt.

Harzgerode

Burgruine Anhalt

Etwa vier Kilometer nordöstlich von Harzgerode erhebt sich auf den Ausläufern des Großen Hausberges über dem Selkeufer die Burg Anhalt oder besser das, was von ihr übrigblieb. Ihre Geschichte reicht weit zurück. In der ersten Hälfte des 11. Jahrhunderts ließ der Askanier Graf Esico von Ballenstedt (gest. 1059) durch die Umwandlung der askanischen Burg Ballenstedt in ein Kloster die Höhenburg errichten, die als Burg Anhalt 1040 in der Geschichtsschreibung erscheint. Möglicherweise bestand sie nur aus dem gewaltigen Rundturm von 18 Meter Durchmesser und 2,80 Meter Mauerstärke. Bei Ausgrabungen Anfang des 20. Jahrhunderts fanden sich Teile dieses ältesten Baukörpers. 1123 soll die Burg wohl um Steinbauten erweitert worden sein. 1140 (während des Sachsenkrieges) wurde die Anlage zerstört. Ein Neubau erfolgte in den Jahren zwischen 1150 und 1200. Es entstand eine Burg nach hochromanischem Schema und mit fast ovalem Grundriß (rechtwinklige Unterbrechung in der Südecke und gerade Flucht an der Südostseite). Eine Quermauer trennt Vorburg und Hauptburg voneinander.

Auf der nördlich gelegenen Vorburg mit ausladendem, trapezförmigen Kammertor befanden sich die Kapelle und die Wirtschaftsbauten, auf der zweiteiligen Kernburg waren Palas und der Bergfried zu finden. Er besitzt einen Durchmesser von 9,5 Metern zeigt sich heute nur noch in zwei bis fünf Meter mit rundbogiger Öffnung. Das sauber behauene glatte Quadermauerwerk weist eine Stärke von etwa drei Metern auf. Vom Bergfried aus sollte vorwiegend der Burgaufgang geschützt werden. Am verwendeten Baumaterial der gesamten Anlage werden zwei Entstehungsphasen deutlich: In der älteren verarbeitete man Bruchsteine in Gipsmörtel (älteste Mauern der Kernburg) bzw. Sandsteinquader (Bergfried) und in der jüngeren für die Fundamente Bruchsteine und für die Mauern darüber Ziegelsteine. Die gesamte Anlage umschließt ein breiter und tiefer Ringgraben mit Vorwall. Zwischen ihm und dem Hof der Kernburg besteht ein Höhenunterschied von etwa 30 Metern. Vor dem südlichen Graben (Halsgraben mit Vorgräben) steht die Ruine der Kapelle des wüsten Dorfes

Jüngerer Bergfried der Burgruine Anhalt

Anhalt. Doch zurück zur Burg. Um 1300 nutzten die Fürsten von Anhalt ihre Burg als Wohnsitz. Vermutlich kurz zuvor ließen sie die Kernburg mit einer weitläufigen Zwinger-Unterburg umgeben. Der Abstand beträgt durchschnittlich 25 Meter. Der Torzwinger im Südwesten hat zwei Außentore. An der östlichen Zwingermauer wurde 1822 der 85 Meter tiefe Burgbrunnen entdeckt. Ausgrabungen zwischen 1902 und 1907 brachten neben den bereits erwähnten Teilen des ersten Bergfrieds die gesamte Burganlage des 12. und 13. Jahrhunderts ans Licht mit Mauerresten von Torturm, Palas und zweitem Bergfried. Bereits zu Zeiten des Bauernkrieges wohnte niemand mehr auf der Burg Anhalt.

Quenstedt

Dorfkirche

Von der Dorfkirche in Quenstedt, einem Feldsteinbau, sind lediglich der westliche Teil des Schiffs sowie der Westquerturm im Kern noch romanisch. Die mit einer Quertonne geschlossene Turmhalle bewahrt zwei Flachreliefs. Sie zeigen primitive Kampfdarstellungen: Jeweils ein Beilschwinger, auf dem einen neben einer Halbfigur, auf dem anderen über einem Tier, das auf dem Rücken liegt. Die Turmhalle öffnet sich zum Langhaus in einer gedrückten Spitzbogenarkade. Nach 1448 wurde das romanische Schiff nach Osten verlängert. Es erhielt zu Zeiten des Barocks ein hölzernes Tonnengewölbe und die zweigeschossige Hufeisenempore. Das Augenmerk soll in dieser Kirche insbesondere auf das lebensgroße Kruzifixus aus Holz gerichtet werden. Von der Fassung bestehen noch Reste, auch ist das Gesicht zerstört. Zweifellos gehört das Kruzifixus aber in die Gruppe spätromanischer sächsischer Monumentalkruzifixe. Das Quenstedter entstand etwa in der Zeit um 1230/35 und war möglicherweise Teil der Ausstattung des Klosters Konradsburg bei Ermsleben. Es zeichnet sich durch ausgeglichene Proportionen und organisch weiche Körperbehandlung aus. Natürlich gearbeitet sind Aderstränge, Hautfältchen sowie Fuß- und Fingernägel des Gekreuzigten.

Freckleben

Burg

Der Burg Freckleben sieht man heute vor allem eines an: Sie wurde seit dem 16. Jahrhundert als landwirtschaftliche Domäne genutzt. Vom hochaufragenden Bergfried einmal abgesehen, erinnern die übrigen Gebäude aus der Ferne tatsächlich am ehesten an Stallanlagen und Speicher, denn an eine stolze Höhenburg. Eben das ist die Burg Freckleben aber im Mittelalter gewesen, weithin sichtbar auf einem Bergvorsprung am östlichen Wipper-Ufer thronend. Erstmals urkundlich genannt wird die Burg 973, die sich als Reichslehen bis ins 12. Jahrhundert hinein im Besitz der Grafen von Nordmark befand. Im Tausch wechselte das „Reichsschloß" Freckleben schließlich 1166 den Besitzer und ging an Erzbischof Wichmann von Magdeburg.

Die Burg Freckleben war anfangs vor allem eine sehr gut befestigte Siedlung, von dessen Wall-Graben-System noch heute einiges zu entdecken ist. So sind der ringförmige Doppelgraben und zwei doppelte Anbschnittsgräben mit drei hohen Wällen erhalten, jedoch nichts mehr von der ältesten steinernen Burganlage. Vermutlich befand sie sich auf der nordwestlichen Seite des Plateaus. An der südlichen Seite legten die Grafen von Nordmark dann im 12. Jahrhundert in der Art der Kastelle eine Kernburg an. Von diesem Bau sind heute noch der kleinere runde Bergfried, Reste eines Gebäudefundamentes und Teile der Ringmauer erhalten. Am sechs Meter hoch liegenden Eingang des etwa um 1200 errichteten Bergfrieds ist noch der Anschlag für eine Zugbrücke zu sehen, was darauf schließen läßt, daß neben dem Turm einmal die Wohnbauten und die Kapelle gestanden haben könnten. Ein Aborterker kragt in Richtung Graben über die Außenwand, die eine Stärke von drei Metern aufweist. Der Durchmesser des als Stumpf erhaltenen Turms beträgt stattliche 10,20 m. Der große markante Bergfried auf viereckigem Grundriß wurde zu Beginn des 13. Jahrhunderts erbaut, im Zuge der Erweiterung der Oberburg durch Magdeburger Bischöfe. Mit 2,20 m kann seine Mauerstärke mit dem

Romanisches Kruzifix in Quenstedt

älteren Gesellen nicht ganz mithalten und auch der Grundriß von 6,90 x 7,90 m bleibt beim Größenvergleich etwas hinter dem runden Turm zurück. Der Einstieg liegt auf der Hofseite in einer Höhe von 8,40 Metern. Der Grundriß des fünfstöckigen Bergfrieds geht etwa in halber Höhe vom Viereck ins Achteck über. Das zweite Obergeschoß diente wohl im Falle einer Belagerung Wohnzwecken, da es deutlich höher als die anderen ist und sich hier der Einstieg, ein Kamin mit rundem Schornstein sowie ein Aborterker befinden. Die nach außen weisende Wand des Turms öffnet sich im Bereich der Überleitung ins Achteck durch ein doppeltes Rundbogenfenster, dessen teilendes Säulchen ein Würfelkapitell trägt. Spätromanisch sind außerdem Teile der benachbarten Gebäude.

Heiligenthal

Dorfkirche

In stattlicher Manier erhebt sich die Dorfkirche von Heiligenthal als einschiffiger Feldsteinbau mit Rechteckchor und Westquerturm. Letzterer schließt nach oben mit einem Satteldach zwischen den Giebeln. Sowohl nach Osten als auch nach Süden weisen die gekuppelten rundbogigen Schallöffnungen, deren Trennungssäulchen rohe Blatt- und Eckmaskenkapitelle besitzen. Zwischen Turmhalle und Schiff öffnete sich ursprünglich eine Doppelarkade,

Burg Freckleben von Süden mit rundem Bergfried

die später zum Teil zugemauert wurde. Die Arkade erhebt sich auf bemerkenswertem profilierten Mittelkämpfer. Kleine hochsitzende Rundbogenfenster - allerdings ebenfalls vermauert - bewahrt die südliche Schiffswand. Hier sitzt im Mauerwerk, nahe des Turms ein romanisches Pfostenportal mit Sturz (um 1170). Handwerkliche Skulpturen an den Pfosten stellen jeweils einen Drachen in Aktion dar: Links fällt er einen Mann mit Axt an, rechts packt er einen Löwen am Schwanz. Den oberen Abschluß des Portals bildet ein Tympanon mit Christus als Salvator auf einem Wolkenberg, mit geöffnetem Buch und segnender Hand. Den Rahmen des Portals schmücken Schachbrett- und Zickzackfries. Doch damit nicht genug, gestalten sich die Laibung ebenfalls mit Skulpturen und die Pfostenecken mit umlaufendem Taustab, der seinerseits durch Basen und Kapitelle mit menschlichen

Portal in Heiligenthal: Der Drache packt den Löwen

Köpfen eine säulenartige Gliederung erfährt.
Der eingezogene Chor hat in seiner Ostwand eine leicht zugespitzte Dreifenstergruppe. Im Norden der Kirche schließt sich ein barocker Gruftbau an. Barock präsentiert sich größtenteils auch das Innere der Dorfkirche mit hölzernem Tonnengewölbe und Hufeisenempore. Der Kanzelaltar stammt aus der ersten Hälfte des 18. Jahrhunderts, der achteckige Taufstein aus der Spätgotik.

Seeburg

Burg

Wer heute die Strecke zwischen Halle und Eisleben auf der Landstraße zurücklegt, kommt direkt am Süßen See mit der malerisch am Ufer gelegenen Burg vorbei, die dem kleinen Ort Seeburg seinen Namen gab. Die Anlage gehört heute zu den größten und vor allem ältesten erhaltenen Burgen Mitteldeutschlands, auch wenn große Teile über die Jahrhunderte verändert wurden.
Ob die bereits 743/44 erwähnte „hochseoburg" mit der Feste am Süßen See identisch ist, vermochte bisher niemand zu beweisen. Doch im Hersfelder Zehntverzeichnis wird sie im ausgehenden 9. Jahrhundert mit Sicherheit genannt. 1036 erscheint in der Geschichtsschreibung ein Graf von Seeburg, der wahrscheinlich mit dem steinernen Bau begonnen hat, dessen Reste heute noch zu finden sind. Wenig später kam die Burg in den Besitz der Querfurter Grafen, die 1067 den wehrhaften Bau vergrößerten. Per Kauf wurden 1287 die Grafen von Mansfeld neue Besitzer der Seeburg, deren Nachfahren zwischen 1450 und 1518 die Burg in ein Wohnschloß verwandelten.
Die eigentliche mittelalterliche Grafenburg war in der Art eines Kastells zweiteilig angelegt, westlich eines tiefen Halsgrabens, der heute kaum noch als solcher erkennbar ist, da durch ihn eine Straße verläuft. Erhalten ist von dieser romanischen Burg der Stumpf des ehemals etwa 30 Meter hohen Bergfrieds, dessen sechs Meter dicke Mauern sich auf rundem Grundriß auf dem höchsten Punkt der Anlage erheben. Der Turm liegt westlich des alten Grabens und entstand um 1080, also in der Zeit der Querfurter Grafen. So diente auch der „Dicke Heinrich" auf der

Stammburg als Vorbild. Heute zeigt sich der Bergfried mit spätmittelalterlichem Aufbau und barocker Haube. Unter dem Rittersaal, der sich südlich des Turms direkt am Ostflügel der Burg befindet, kann man noch Reste des romanischen Palas' entdecken. Zwischen Turm und Palas befand sich damals der Zugang, der heute der älteste bekannte Zugang zur Seeburg ist. Im 12. Jahrhundert hat man dann auf dieser baulichen Grundlage sowohl eine mächtige Zwingermauer errichtet, als auch den Palas erheblich nach Süden verlängert bis an die Südostecke der Burg. Hierhin verlegte man gleichzeitig den bisherigen Zugang. Dieses Pfortenhaus wurde im 19. Jahrhundert zwar überbaut, doch sind die unteren Teile noch original spätromanisch. Westlich der Kernburg an der Seeseite (Süden) ragen die Umfassungsmauern der ehemaligen Stiftskirche auf. Der einschiffige Bau besitzt keinen Westturm. Der eingezogene Chor ist im Grundriß quadratisch und endet nach Osten in einer lisenengeschmückten Apsis. Die Kirche befindet sich auf dem ehemaligen Wirtschaftshof der Burg und gehörte dem von Erzbischof Wichmann 1179 gegründeten Kollegiatsstift. In den nach Westen hin anschließenden Gebäuden lebten wohl die Stiftsherren.

In der zweiten Hälfte des 15. Jahrhunderts kam es zum Bau einer zweiten, mächtigeren Zwingermauer, die sich vor allem an der Ost- und der Südseite erstreckt. Zusätzlich gesichert wurde der Zwinger durch mehrere Mauertürme und im Südosten durch eine weitausladende Torburg, deren Schalenreste ebenso wie Teile des Wehrganges und einige Schießscharten erhalten geblieben sind. In der Mitte des 15. Jahrhunderts kam der Rote Turm hinzu, der die Seeseite noch wirkungsvoller sichern sollte. Vorbild in der von militärischen Zwängen geprägten Architektur waren wohl die Rondelle in Querfurt. Bereits nach 1500 trug man die Wehrplattform wieder ab und baute den Turm zu Wohnzwecken um.

1665 entstand das Neue Haus im Nordosten der Kernburg. Im Untergeschoß des Südflügels hat man im 17. Jahrhundert die Schloßkirche eingebaut, von der heute nicht mehr zu sehen ist als ein Marmor-Epitaph für einen 1671 verstorbenen Herrn von Hahn.

Die Burg in Seeburg am Süßen See

Unterröblingen

Dorfkirche

Der Baukörper der Dorfkirche in Unterröblingen ist noch größtenteils romanisch erhalten und wurde bereits im frühen 12. Jahrhundert errichtet. Die vierteilige Anlage besteht aus einem auffallend niedrigen, nur wenig über den First des Schiffes hinausragenden Westturm, der auch die Breite des Schiffes nicht überschreitet. Dem relativ kurzen flachgedeckten Schiff folgt ein eingezogener quadratischer Chor, der nach Osten apsidial schließt. Das Mauerwerk besteht aus sorgfältig gearbeiteten Quadern verschiedener Größe und läßt jegliche Gliederung oder Bauschmuck vermissen. Lediglich die halbkreisförmige Apsis trägt unter dem Gesims einen einfachen Rundbogenfries, der auf vier gleichmäßig verteilten Lisenen ruht. Die meisten Rundbogenfenster sind noch original und wirken durch ihre Höhe sehr schlank. Das Walmdach des Westbaus hat man Anfang des 18. Jahrhunderts auf den ebenfalls erneuerten oberen Teil mit den gekuppelten Schallöffnungen an der Westseite aufgesetzt. Ursprünglich öffnete sich der Turm in zwei rundbogigen Arkaden zum Schiff, die jedoch mittlerweile vermauert sind. Die romanischen Kämpfer an den Arkaden kann man noch sehen, ebenso sind die Kämpfer am Triumph- und am Apsisbogen original erhalten. Die romanische Taufe hat zwar die Jahrhunderte gut überstanden, doch wurde sie inzwischen durch eine jüngere achtseitige Steintaufe aus dem beginnenden 17. Jahrhundert ersetzt und steht jetzt vor dem schlichten Rundbogenportal an der Nordseite der Kirche.

Dorfkirche Unterröblingen

Wimmelburg

Klosterkirche

Die ehemalige Klosterkirche St. Cyriakus gehörte zu einem Benediktinerkloster, das etwa zwischen 1060 und 1070 gegründet und 1121 an die heutige Stelle verlegt wurde. Wahrscheinlich entstand die Kirche etwa 50 Jahre nach dieser Umsiedlung als große kreuzförmige flachgedeckte Basilika auf Hirsauer Grundriß mit fünf Apsiden. Ende des 17. Jahrhunderts verwüstete und vernichtete ein Feuer große Teile des Kirchenbaus, dessen Ruine dann im 18. Jahrhundert auch noch teilweise abgetragen wurde. So finden sich jetzt nur noch Reste der einstmals stattlichen Klosterkirche. Erhalten geblieben sind die Hauptapsis, der flachgedeckte quadratische Hauptchor, der über zwei Jochen kreuzgratgewölbte nördliche Nebenchor mit Nebenapsis sowie die Vierung und der nördliche Querschiffsarm, diese beiden westlichen Bauteile allerdings ohne Dach.

Das Mauerwerk ist in Bruchstein aufgeführt und gliedert sich durch sorgfältig gearbeitete Quader. Die Nebenapsis muß ohne Gliederung ausschließlich in Bruchsteinmauerwerk auskommen, während die Bauleute sich bei der Hauptapsis wieder besondere Mühe gaben. Sie besteht aus reinem Quadermauerwerk, das auch noch aufwendig durch Lisenen, einen welligen Bogenfries und Gesimse gestaltet ist. Kantensäulen mit Würfelkapitellen oder Kapitellen mit vegetabilem Dekor schmücken die Kreuzpfeiler der Vierung und die Eckpfeiler am Ansatz der Hauptapsis. Je zwei Arkaden unter einem Gesims schaffen die Verbindungen zwischen Hauptchor und Nebenchören. Auch diese Arkadenpfeiler tragen ringsum Ecksäulchen mit fein gearbeitetem Bauschmuck an Kapitellen und Kämpfern in offensichtlicher Königslutter-Nachfolge. Die Ornamentik ist im südlichen Bereich großzügiger ausgeprägt. Der gedrückte Apsisbogen wurde wahrscheinlich im 17. Jahrhundert erneuert, mit aufwendig gegliederter Profilierung an den Kämpfern. Aus dem ehemaligen Langhaus hat ein Fragment eines Kapitells mit reichverzierten Schildflächen die Zerstörungen späterer Jahrhunderte überstanden und ist heute in der erhaltenen Nebenapsis zu finden. Der Taufstein, eine muschelförmige, von Engeln getragene Schale, stammt aus dem 17. Jahrhundert und der Kanzelaltar ebenfalls. Die doppelgeschossige Empore in der Vierung wurde zu Beginn des 19. Jahrhunderts eingebaut.

Morungen

Burgruine

Die Burgruine Alt-Morungen auf einem Vorsprung des Bornberges geht vermutlich bis in die erste Hälfte des 11. Jahrhunderts zurück. Aus dem Jahre 1112 ist bekannt, daß Wigbert II. von Groitsch die Herrschaft einschließlich Burg dem Kaiser Heinrich V., und der wiederum dem Grafen Hoyer von Mansfeld überließ. Drei Jahre später jedoch gehörte die Anlage wieder den Markgrafen Groitsch. 1157 erwarb Kaiser Friedrich I. die kleine Höhenburg, deren Burgmannen sich kurze Zeit später als Herren von Morungen bezeichnen ließen. Allerdings verlor Alt-Morungen bereits zum Ende des 12. Jahrhunderts seine Bedeutung und Neu-Morungen trat in den Mittelpunkt. An die erste Burg erinnern ein Stückchen Ringmauer mit Öffnung, vielleicht einer Schießscharte, und die Grundmauer eines quadratischen Turms, vielleicht des Bergfrieds.

Das Burggelände auf der Klippe ist nach allen Seiten durch steile Abhänge begrenzt. An der Ostseite verläuft ein tiefer Halsgraben, der nach beiden Seiten hin seine Fortsetzung in einem breiten Ringgraben mit Außenwall findet und den Rest des Felsens umschließt. Im Nordosten liegt zwischen zwei weiteren Halsgräben eine kleine Vorburg und 100 Meter entfernt und wesentlich höher eine Vorschanze. Eine Höhle am Fuß der Klippe diente vermutlich als Keller.

Nach 1200 entstand, wahrscheinlich in Nachfolge der Burg Alt-Morungen, die Burg Neu-Morungen auf dem Hausberg. Die romanische ovale Kernburg bewahrt in ihrer Mitte die Ruine des runden Bergfrieds von sieben Metern Durchmesser. Außerdem finden sich zwei bis vier Meter hohe Reste der Ringmauer mit erkennbarem Tor auf der Südseite und die Grundmauern des Palas. Durch einen tiefen Graben von der Kernburg abgetrennt, liegt im Osten die kleine Vorburg mit Spuren eines Turmes. Den östlichen Abschluß der Anlage bilden zwei Außenwälle mit Gräben. Bereits aus dem Jahre 1533 kommt die Nachricht von der wüsten Burg Morungen.

Ostteile der ehemaligen Klosterkirche in Wimmelburg

Nordhausen

Dom-Krypta

Der Nordhäuser Dom wurde von der später heilig gesprochenen Königin Mathilde, Gemahlin Heinrichs I., gegründet. Sie ließ 961 innerhalb einer bestehenden Burganlage einen ersten Kirchenbau als Damenstift errichten. Von dem Ursprungsbau ist heute nichts mehr erhalten. Er wurde 1180 zusammen mit der Burg von Heinrich dem Löwen während heftiger Auseinandersetzungen mit Kaiser Friedrich I. (Barbarossa) niedergebrannt. Später ersetzte man die Ruine durch einen würdigeren Sakralbau, dessen Entstehung immer noch in die Zeit der Romanik fällt. Friedrich II. wandelte schließlich 1220 das Damenstift in ein weltliches Chorherrenstift um. Von diesem zweiten Bau bestehen heute noch die unteren Teile der Türme mit ihren Apsiden und die Krypta, die somit Ende des 12. Jahrhunderts entstanden sein müßten. Manche Historiker datieren, abgeleitet von den Formen der noch

erhaltenen ältesten Teile, den Baubeginn etwa in das Jahr 1130. Somit könnte die Krypta auch schon 50 Jahre älter sein. Als Ausgangspunkt des gesamten zweiten Kirchenbaus gilt sie jedenfalls.
Jeweils durch eine kleine vorgelagerte Kapelle kann man die Krypta entweder von Süden oder von Norden her betreten. Die Eingänge zu beiden Kapellen besitzen durchbrochene Bronzetüren, die die Stadt Nordhausen 1927 anläßlich der Eintausendjahrfeier dem Dom geschenkt hat.
Die Krypta stellt mit ihren drei Schiffen einen annähernd quadratischen Raum mit einer Grundfläche von 7,40 m x 7,60 m dar und schließt mit einer halbkreisförmigen Apsis. Die Säulen in der Krypta weisen auf Baumeister hin, die man wohl der Hirsauer Schule zurechnen muß. Die - wie

Bergfried der Ruine Neu-Morungen

in der Romanik üblich - „namenlosen" Baumeister haben ihre Spuren beispielsweise an den mächtigen Säulenkapitellen in Form von Eckzwickeln, den sogenannten „Hirsauer Nasen", hinterlassen. Auf den Mauern der Krypta erhob sich einst der Chorraum der romanischen Kirche. Während späterer Um- und Erweiterungsarbeiten mußte dieser dem heutigen frühgotischen Chor weichen.
An der Westwand der Krypta befindet sich der älteste Grabstein Nordhausens. Auf der Grabplatte ist Dechant Friedrich von Biela dargestellt, der im Jahre 1327 starb. Sein Wappen, das zwei mit den Klingen voneinander abgewandte Beile zeigt, ist in die Seitenwand eingemeißelt. Außerdem hängen an den Seitenwänden der Krypta zwei kleine mittelalterliche Plastiken: rechts der heilige Jakobus (um 1500) und links vermutlich der heilige Paulus mit einem Buch.
Die Domkrypta dient heute als Gottesdienstraum der katholischen Gemeinde und wird als solcher vor allem werktags genutzt.

Bad Frankenhausen

Reichsburg Kyffhausen

Eine der größten deutschen Burgen des Hochmittelalters war die Reichsburg Kyffhausen. Auf dem Kamm des kleinen Kyffhäuser-Gebirgszuges zwischen der Goldenen Aue nach Norden und der Diamantenen Aue nach Süden strategisch äußerst günstig gelegen, diente sie vor allem dem Schutz der Pfalz Tilleda, die nur zwei Kilometer entfernt liegt. Neben anderen zeitweiligen Herrscherresidenzen in der Umgebung, wie Nordhausen, Wallhausen, Memleben oder Allstedt, gehörte Tilleda zu den gern besuchten Pfalzen. Zwar hat man diese stets in einer Kombination von Wohn- und Wehrbau errichtet, doch in den kriegerischen Zeiten nach der Jahrtausendwende reichte dies allein zur Verteidigung nicht mehr aus. So ließ Heinrich IV. vermutlich gegen Ende des 11. Jahrhunderts auf der nach dem Kulpenberg (477m ü NN) zweithöchsten Erhebung (457m ü NN) des kleinen Gebirges eine Burg errichten. Vollendet hat den aufwendigen Bau dann etwa um 1110 Heinrich V., der jedoch keine allzu lange Freude daran haben sollte. Bereits 1118 belagerte Herzog Lothar von Süpplingenburg mit seinen Heerscharen die trutzige Burg so hartnäckig, daß es ihm schließlich gelang, sie einzunehmen und zu zerstören. Doch Lothar leistete vermutlich noch selbst wieder Aufbauarbeit an der Ruine, die schließlich Kaiser Friedrich I. (Barbarossa) zu der riesigen Reichsburg erweitern ließ, deren romanische Reste noch heute zu bewundern sind. Die markante Dreiteilung in Ober-, Mittel- und Unterburg reicht in diese zweite Bauphase zurück, wobei nicht geklärt ist, ob vielleicht schon Lothar damit begann. Auf Kaiser Rotbarts „Konto" gehen zweifelsfrei so auffällige Bauwerke wie der Bergfried in der Oberburg und die Kapelle in der Unterburg. Zwar ist ein Aufenthalt Friedrichs I. auf der Kyffhäuser-Burg nicht belegt, aber man geht von einem Besuch aus, da er sich nachweislich wenigstens 1174 in der näheren Umgebung aufhielt. Die rasante Entwicklung der Waffentechnik im späten Mittelalter und besonders die Geburtsstunde der Feuerwaffen verwandelten die einst strategisch so günstige Lage in einen geradezu unsicheren Flecken. Schon im 15. Jahrhundert erwähnt Johannes Rothe, Autor der Thüringischen Chronik, lediglich ein „wüstes Schloß Kyffhusen".

Die Reichsburg Kyffhausen ist eine dreigeteilte Höhenburg, die sich über eine Fläche von insgesamt 608 Meter Länge und 60 Meter Breite erstreckt. Die drei Hauptsegmente Ober-, Mittel- und Unterburg waren miteinander verbunden, teilweise jedoch nur über Zugbrücken, da aus Sicherheitsgründen mehrere tiefe Gräben angelegt waren. Die Unterburg umweht heute wohl noch am meisten der Hauch romanischer Zeit, da sie von dem gigantomanischen Kaiser-Wilhelm-Denkmal verschont blieb. Sie ist von einer geschlossenen Ringmauer umgeben, die teils in bröckeligen Resten, vor allem im Norden aber noch in der Originalhöhe von 10,65 Meter erhalten geblieben ist. Der einzige Zugang zur Unterburg befindet sich auf der Westseite und führt durch ein 1938 wiederhergestelltes Kammertor. An der Nordostseite dieser Ringmauer ragt der Rest eines Bergfrieds auf. Daran schließt sich - immer noch an den nördlichen Ringmauerteil gelehnt - ein Wohn-

Romanische Krypta im Dom Nordhausen

turm an, der ursprünglich mindestens vier Geschosse besaß und gotisch umgebaut wurde. Nach Osten verbindet eine Tür den Turm, durch eine Quermauer hindurch, mit der Burgkapelle. Diese Quermauer besitzt einen Wehrgang und durchtrennt in Nord-Süd-Richtung den Grundriß der Unterburg. Die ursprünglich romanische Kapelle entstand in der zweiten Hälfte des 12. Jahrhunderts in einfacher Bauart mit einem Schiff, eingezogenem Chor und einer Apsis. Nach der Zerstörung und dem schnellen Verfall der gesamten Burganlage hat man 1433 allein dieses kleine Gotteshaus gotisch wiederhergerichtet und fortan als Wallfahrtskapelle „Zum Heiligen Kreuz" genutzt.

Barbarossaturm auf der Oberburg

Von der einstigen

Die Ruine der Kapelle auf der Unterburg

Mittelburg ist heute kaum mehr etwas zu finden. Seit dem 15. Jahrhundert diente sie als Mühlsteinbruch, und die alten Befestigungsanlagen verschwanden fast vollständig. Lediglich im nördlichen Teil des Geländes sind kleinere Reste der Umfassungsmauer, eines runden und eines quadratischen Turmes zu entdecken. Dafür liegen entlang des Weges zur Unterburg noch einige alte Mühlsteine.
Am bekanntesten und für die meisten Besucher das erste Ziel auf dem Kyffhäuser ist jedoch die dreigeteilte Oberburg. Man erreicht sie durch ein noch völlig im Original erhaltenes romanisches Kammertor, dem lediglich Ende des 19. Jahrhunderts während des Denkmalbaus eine Treppe hinzugefügt wurde. Dieses sogenannte Erfurter Tor ist eines der wenigen Zugänge ohne Wehranlagen. Gleich gegenüber diesem Tor liegt der beachtliche Burgbrunnen, der mit seinen 176 Metern als tiefster Burgbrunnen Deutschlands gilt. Das schier endlose schwarze Loch wurde in den Fels getrieben, bis man schließlich auf eine Sickerquelle stieß, die noch heute für einen konstanten Wasserstand von neun Metern sorgt. Im oberen nach Westen gerichteten Abschnitt der Oberburg dominiert der sogenannte Barbarossaturm, ein romanischer Wohnturm, der einst

etwa 30 Meter in die Höhe ragte. Seine heute immer noch stattliche Ruine kommt noch auf 17 Meter. Auf einem beinahe quadratischen Grundriß von 10,8 x 10,2 Meter (manche Autoren der einschlägigen Literatur runden die Zentimeterangaben großzügig ab) erhebt sich ein im Erdgeschoß etwa drei Meter dickes Gemäuer aus Bossenquadern, die die Staufer gern verwendeten. Dieser Wohnturm galt als letzte Zuflucht des Burgherren im Belagerungsfall und war deshalb entsprechend „nobel" ausgestattet. Die Zimmer in den drei Stockwerken besitzen Kamine und Sitznischen, im mittleren und unteren Geschoß waren ummauerte Aborterker angebracht, deren Verzahnungsreste im unteren Bereich des Ostteils noch auszumachen sind. Der Eingang des Wohnturms befindet sich in der schwindelerregenden Höhe von 10,50 Metern und besitzt eine ins dicke Mauerwerk eingearbeitete Sitznische, von wo aus der diensthabende Wächter bequem und relativ geschützt wachen konnte. Daß dieser wehrhafte Wohnturm einst auch mit dem benachbarten Palas verbunden war, lassen heute nur noch Mauerreste vermuten. Weitere Mauerstücke auf dem westlichen Teil der Oberburg deuten Historiker als Überbleibsel eines romanischen Küchenbaus.
Der östliche Teil der Oberburg wird inzwischen vom weithin sichtbaren Kyffhäuserdenkmal bestimmt. Alle Burganlagen, die hier möglicherweise noch im 19. Jahrhundert bestanden, wurden ein Opfer der Bauarbeiten in den Jahren 1891 bis 1896. In dieser Zeit entstand hier eine riesige Denkmal-Anlage, die in Anlehnung an den Auferstehungsmythos Friedrichs I. und der damit verbundenen zurückerhofften Reichseinheit der 1871 tatsächlich erfolgten Gründung des Deutschen Kaiserreichs gedenken soll.

Die ehemalige Reichsburg Kyffhausen

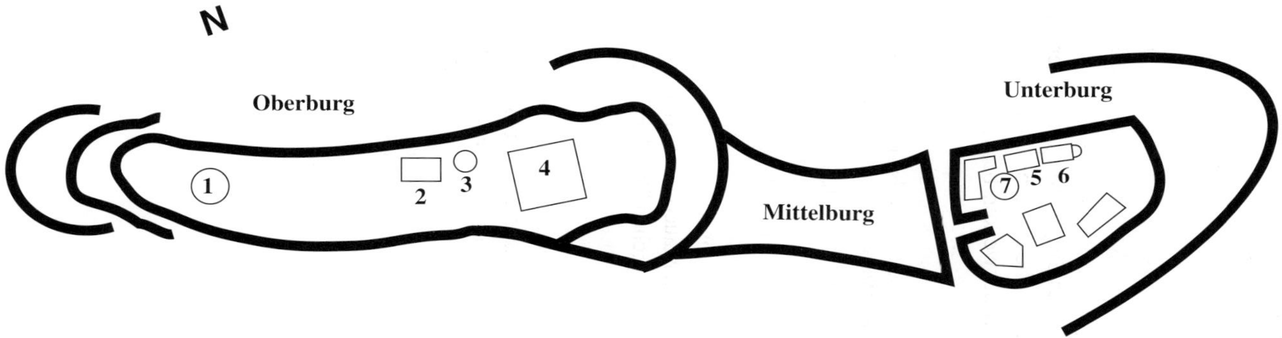

1 Romanischer Bergfried "Barbarossaturm"
2 Museum
3 Burgbrunnen
4 Kaiser-Wilhelm-Denkmal
5 Palas
6 Kapelle
7 Bergfried

Göllingen

Ehemalige Stiftskirche

Als eine karolingische Schenkung an die Benediktinerabtei Hersfeld wird das kleine Dörfchen Göllingen schon 780 urkundlich erwähnt. Wann schließlich das Kloster hinzu kam, steckt noch im Nebel der Geschichte. Wahrscheinlich hat Gunther von Kefernburg, genannt Gunther der Einsiedler, um 1000, spätestens aber 1012, eine Benediktinerprobpstei in Göllingen gegründet, der er selbst eine Zeit als Propst vorstand. Der Konvent in Göllingen war der Abtei in Hersfeld unterstellt. Diese wußte um Göllingens Bedeutung in der Missionierung, da es sehr weit östlich lag. Die Hersfelder erwiesen sich deshalb als nicht knauserig und förderten die Göllinger u.a. mit neuem Besitz. In Göllingen wußten die Chorherren damit durchaus etwas anzufangen, betrieben Fischzucht (der Wipperteich zeugt noch davon), Weinbau und legten den noch heute technisch beachtenswerten Wipperkanal an, der bis Frankenhausen führt. Sowohl im Bauernkrieg als auch im Dreißigjährigen Krieg wurde die Klosteranlage schwer beschädigt, und 50 Jahre nach der Reformation löste man den Konvent auf.

Ab dem 17. Jahrhundert bis zum II. Weltkrieg dienten die verbliebenen einst sakralen Gemäuer einer Domäne. Die Konventsgebäude wurden umgebaut und landwirtschaftlich genutzt, und selbst der Glockenturm der Klosterkirche St. Wigbert blieb davon nicht verschont. Man baute Schüttböden in den Turm ein und verwandelte ihn in einen Speicher. Das Langhaus hat man zu Beginn des 18. Jahrhunderts zu großen Teilen abgetragen und mit dem so gewonnenen Mauerwerk 1736 den neuen Turm der Dorfkirche errichtet. Seit 1945 arbeitet eine Konservenfabrik auf dem Gelände.

Von der ehemaligen Klosterkirche St. Wigbert sind heute noch der vorwiegend oktogonale Westturm, Teile der Hauptapsis sowie Reste der Chorsüdwand erhalten geblieben. Auffällig und heute noch besonders beeindruckend ist der mehrmals restaurierte und recht gut erhaltene Westbau, der im wesentlichen aus Turm, Westchor und darun-

Der erhaltene Westturm der Stiftskirche Göllingen

terliegender Krypta besteht. An den Chor schloß sich ehemals ein westliches Querschiff an. Die Bausubstanz der Fundamente stammt wohl noch aus ottonischer, womöglich sogar aus karolingischer Zeit, wofür nicht zuletzt auch die Bauweise mit zwei Chören und zwei Querhäusern spräche. Der viergeschossige, im unteren Bereich quadratische Turm wird im dritten Geschoß innen mit Zwickeln, außen mit großen, von zweiseitigen Zeltdächern gedeckten Trompen ins Achteck übergeführt. Nachdem die beiden unteren Etagen in der Zeit um 1170 entstanden, trat wohl eine längere Baupause ein, an deren Ende eine Planänderung stand. So wuchs der Turm im zweiten Viertel des 13. Jahrhunderts achteckig weiter in die Höhe. Vom Hauptgeschoß sind die Nord-, Süd- und die Westseite sichtbar, die jeweils ein Rundbogenfenster besitzen. Das dritte Geschoß öffnet sich in großen Lichtschlitzen und das vierte Geschoß in acht großen rundbogigen Biforien. Diese sind durch Säulchen mit Eckblattbasen und glatten Kelchkapitellen geteilt, die rundbogige Blenden tragen. Um jedes Geschoß läuft ein Rundbogenfries, und auch Lisenen dienen der äußeren, schmuckarmen Gliederung. Der Turm schließt mit einem Zeltdach ab.

Der Westchor besitzt nach Osten hin ein Podium, das einst bis weit in das Querhaus hineinreichte. Es ruht auf zwei Tonnengewölben, die nach Westen durch zwei große Rundbogenöffnungen in die Krypta führten. Dieser Zugang ist heute allerdings vermauert. Seitlich dieser Kammern liegen je eine Wendeltreppe, die zum Chor hinaufführen und ebenfalls größtenteils zerstört sind.

Die Krypta ist zum Teil durch einen schräg anschließenden Hang verdeckt. Sie ruht auf vier freistehenden Säulen, acht Halbsäulen an den Wänden und vier Vollsäulen in den Ecken des kreuzgratgewölbten Raumes. An der Südwand wird ein Rautenfenster von zwei inzwischen verschütteten Rundbogenfenstern flankiert. Die mächtigen Säulen stehen auf attischen Basen mit Eckverzierungen und tragen große Würfelkapitelle mit flachem Palmettendekor oder mit Doppelschilden. Die schweren, ungewöhnlich hochragenden Kämpfer besitzen teils Schachbrettmuster, teils hat man sie glatt belassen. Auffällig sind auch die hufeisenförmigen Gurtbögen, die wohl auf maurischen Einfluß zurückgehen.

Der Westchor war ursprünglich flachgedeckt, und der Raum über dem Podium wurde um 1225 vermutlich eingewölbt.

Auf dem Friedhof Göllingen befinden sich noch zwei romanische Grabsteine aus dem 11. bzw. 12. Jahrhundert.

Allstedt

Wigbertikirche

Die ehemalige Wigbertikirche in Allstedt zählt heute zu den ältesten Sakralbauten der Goldenen Aue. Schon im 8. Jahrhundert gehörte St. Wigberti als Kapelle zum Kloster Hersfeld und wurde von ihm wahrscheinlich auch im selben Jahrhundert gegründet. Die angebliche Schenkungsurkunde Karls des Großen, nach der er 777 die Kirche dem Hersfelder Kloster überlassen haben soll, hat sich als ottonische Fälschung herausgestellt. Sicher ist jedoch, daß Otto II. 979 das Gotteshaus im Tausch erwarb, um es dem Kloster auf seiner Pfalz in Memleben zu übereignen. Schon 1015 drehte Heinrich II. das Rad zurück, indem er Memleben mit allen Besitzungen wieder an Hersfeld gab. Vermutlich bestand St. Wigberti bis dahin schlicht aus einem kleinen Holzbau, der später durch einen Steinbau ersetzt wurde. 1282 fiel die Kirche an das Kloster Walkenried, dem sie schließlich bis zur Reformation gehören sollte. Die in der Literatur immer wieder angeführte Zerstörung der Kirche im Bauernkrieg ist möglich, läßt sich aber nicht belegen.

Romanisch erhalten geblieben sind bis heute der querrechteckige Westturm und als Ruine die Außenmauern des etwas schmaleren Langhauses. Der wehrhaft wirkende Turm besteht aus drei Geschossen, die ohne Gesimse nahtlos ineinander übergehen. An der Westseite befinden sich zwei vermauerte Portale, über denen zwei kleine und darüber zentriert ein größeres Rundbogenfenster liegen. Im ersten Obergeschoß befindet sich an der Ostseite ein kleineres Rundbogenfenster, während das Glockengeschoß von markanten hohen Schallarkaden geöffnet wird. Von diesen großen rundbogigen Fenstern liegen an den beiden Längsseiten des Turms je drei und nördlich sowie südlich je eines. Die Teilung der Schallöffnungen übernehmen äußerst fein profilierte Säulchen, von denen einige sogar ionisch kanneliert sind, was stilistisch in krassem Gegensatz zur übrigen schmucklos-groben Architektur der Kirche steht. Die Säulen tragen zumeist Würfelkapitelle und darüber rundbogige Blenden.

Turm der Wigbertikirche

An der Ostseite des Turms finden sich ins Mauerwerk eingearbeitete Kapitelle, die vorher sicher an anderer Stelle ihren eigentlichen Zweck erfüllten. Das Turmdach ist spätgotisch, ebenso der inzwischen kaum noch als solcher erkennbare Chor. In diesen baute man nämlich etwa an der Wende vom 18. zum 19. Jahrhundert drei Geschosse für Armenwohnungen ein. Bis zu einem Brand in den 70er Jahren unseres Jahrhunderts war der ehemalige Kirchenchor bewohnt.
Im Turm befand sich zu DDR-Zeiten eine Thomas-Müntzer-Gedenkstätte, die jedoch noch vor 1989 geräumt wurde. Eine ständige Ausstellung zu Leben und Werk Müntzers ist jetzt auf der Burg Allstedt zu besichtigen. Der berühmte Bauernführer soll angeblich 1523 und 1524 an der Wigbertikirche gepredigt haben. Neuere Forschungen ergaben jedoch, daß Müntzer am Vorgängerbau der 1765 neuerrichteten Johanniskirche gewirkt hat, während zu dieser Zeit ein Simon Haferitz Prediger an St. Wigberti war.

Steinbach

Dorfkirche

Dorfkirche Steinbach

Am Ortsausgang von Steinbach in Richtung Bad Bibra steht die gut erhaltene spätromanische Kirche des Dorfes. In gestaffelter Weise reihen sich der quadratische Westturm, das rechteckige Schiff und der quadratische Chor mit halbkreisförmiger Apsis aneinander. Das sauber gequaderte Mauerwerk und die Schmuckformen in ihrer feinen Ausprägung zeichnen den Kirchenbau als ein Schulwerk der Naumburger Dombauhütte aus. Die Architekturgliederung von Apsis, Fensterlaibungen und Portalen hebt sich in seiner reichen und plastischen Ausbildung deutlich vom sonst bei Dorfkirchen üblichen Maß ab. So erhielt die Apsis ihre Gestaltung durch vier schlanke Säulen, darüber ein Rundbogenfries, dessen Konsölchen sehr unterschiedliche Formen aufweisen, sowie ein reich durchgebildetes Hauptgesims. Ähnliche Konsölchen zeigen sich auch am spitzbogigen Fries der Chorseitenwände. Ein Treppenfries umzieht den Chorgiebel, Lisenen betonen die Ecken des Bauteils. Von den kleinen rundbogigen Fenstern der Kirche blieben die meisten in romanischer Form erhalten, und damit auch die besondere Ausführung der Laibungen. Sie werden jeweils von einem kräftigen Wulst begleitet, der auf attischer Basis mit Eckblättern liegt. Auffallend

hoch sitzen die Fenster des Schiffs, dessen südliche Seite ein hervorhebenswertes rundbogiges Säulenportal besitzt. Das vielgliedrige Sockelprofil umläuft das Portal, auf dessen Säulenschäften Kelchblockkapitelle mit Akanthusblattwerk ruhen. Entsprechende Kapitelle können auch die Türpfosten vorweisen. Akanthusranken füllen das Tympanon des Portals aus.
Vermutlich erst später entstand der Westturm, dessen achteckiger, verschieferter Aufsatz einschließlich Haube eine Ergänzung aus barocken Tagen ist.
Schiff und Chor haben im Inneren eine flache Decke, wobei die erhaltenen Ecksäulchen mit Akanthuskapitellen im Chor auf eine ursprüngliche Einwölbung schließen lassen. Romanischen Ursprungs sind der rundbogige Triumph- und der Apsisbogen über profilierten Kämpfern. Die Ausstattung der Kirche entstammt jüngerer Zeit, so der Taufstein, die Kanzel aus Sandstein und der Schnitzaltar (nicht mehr vollständig) aus dem 16. Jahrhundert. Die teilweise figürlichen Grabsteine lassen sich ins 17. und 18. Jahrhundert datieren.

Freyburg

Stadtkirche

Wer die Westtürme der Freyburger Stadtkirche einen Moment intensiv betrachtet, wird bald stutzen. Die romanischen Türme weisen nämlich eine merkwürdige Unregelmäßigkeit auf: Während in beiden oberen Fenstergeschossen des nördlichen und auch im obersten Geschoß des südlichen Turms hochromanische Rundbogenfenster die Türme öffnen, übernehmen diese Aufgabe im unteren Geschoß des Bereichs mit oktogonalem Querschnitt gotische Spitzbogenfenster. In umgekehrter Anordnung ergäbe die architektonische Unstimmigkeit ja einen chronologischen Sinn, doch so... Vermutlich hat sich hier der experimentierfreudige Baumeister schon einmal an gerade (auch am in der Nähe liegenden Naumburger Dom) in Mode gekommenen Formen der Gotik versucht, dann jedoch aus wer weiß welchen Gründen wieder auf die Traditionen der Romanik besonnen. Durch diesen kurio-

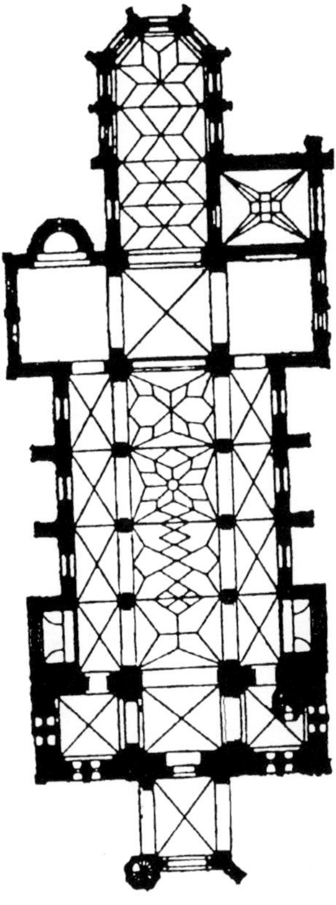

Grundriß St. Marien

sen Umstand läßt sich die Entstehungszeit der Westtürme mit ziemlicher Sicherheit in die Zeit um 1250 legen.

Nachdem sich die Thüringer Landgrafen Mitte des 11. Jahrhunderts mit dem Bau einer „Freyen (stattlichen) Burg“ am Rande des engen Unstruttales niedergelassen hatten, und die Feste 1139 durch Brand und Krieg zerstört worden war, gründete Ludwig der Eiserne auf einem südlich gelegenen Berg bald darauf die „Neue Burg“, die sich rasant vergrößerte und zu einem Zentrum mittelalterlicher Kulter und prunkvollen höfischen Lebens entwickelte. Wahrscheinlich ist die Gründung der Stadt Freyburg sowie deren planmäßiger und durchdachter Aufbau in die Residenzzeit Hermanns I. (1180 - 1190) zu legen, der in dem engen Tal nach klassisch romanischem Strickmuster um einen rechteckigen Marktplatz ein in sich parallel laufendes bzw. sich rechtwinklig kreuzendes Straßennetz wob. In sofern ist die gesamte Stadt Freyburg ein für das 12. Jahrhundert typisches romanisches Objekt. Ludwig IV. von Thüringen war es schließlich, der etwa in der Mitte der zwanziger Jahre des 13. Jahrhunderts, spätestens aber 1227, St. Marien als Stadtkirche gründete. Damals zeigte sich das Gotteshaus als flachgedeckte dreischiffige Basilika mit Langhaus und Seitenschiffen im gebundenen System, Chorquadrat mit eingezogener Hauptapsis, Querhaus mit zwei Nebenapsiden, Vierungsturm sowie einem zweitürmigen Westbau mit querrechteckigem Zwischenbau und Emporen. Trotz

Die Westtürme von St. Marien Freyburg

zweier größerer Eingriffe in der Gotik-Epoche bestehen heute vom Ursprungsbau immerhin noch die Westtürme, das Querhaus, der Vierungsturm, Reste der Langhaus- und Seitenschiffsgrundmauern, ein Tympanon über dem Westportal sowie ebenfalls dort eine spätromanisch-frühgotische Vorhalle („Paradies“).
Der äußerlich dominierende romanische Gesamteindruck der Stadtkirche resultiert vor allem aus den drei stattlichen Türmen. Über der ausgeschiedenen Vierung erhebt sich ein mächtiger gedrungener Turm, den Ecklisenen und ein Rundbogenfries schmücken. Aus vier Giebeln erwächst ein Rautendach, wie es typisch für die Romanik im Rheinland ist. Jeden der gleichgroßen Giebel ziert ein einfaches, verhältnismäßig kleines Rautenfenster. Das Glockengeschoß wird nach allen Seiten durch jeweils ein gekuppeltes Rundbogenfenster mit Okulus im Zwickel geöffnet. Warum der Vierungsturm etwas niedrig geraten ist, läßt sich heute nicht mehr nachvollziehen. Eine Sage berichtet von einem reichen Herrn aus Großjena, der einen großen Teil der Baukosten getragen haben soll, aus Liebe zu der entstehenden Kirche. Als sein Geld verbraucht war, endete auch der Turmbau. Die schlankeren Westtürme erinnern mit hohen quadratischen Untergeschossen sehr an die Osttürme des Naumburger Doms. Der Beiname „kleiner Dom“ für die Freyburger Stadtkirche geht sicher auch auf diese Ähnlichkeit zurück. Die Untergeschosse sind durch Lisenen und kleinere Rundbogenfenster gegliedert sowie im oberen Bereich mit einem Rundbogenfries geschmückt. Über den vier Ecken vermitteln große Keile zwischen dem Querschnitt-Quadrat unten und dem Oktogon in den zwei Obergeschossen. Diese besitzen rundbogige, geteilte Fenster mit kleiner Rautenöffnung im Zwickel. Ausnahme bilden die bereits gotischen Spitzbogenfenster mit Vierpaßmaßwerk und Rosetten im unteren Achteckbereich des südlichen Turmes. Nach oben schließt sich ein relativ großer Rundbogenfries an, der über jede der acht Seiten lediglich zwei Bögen spannt. Jeweils ein Spitzdach auf acht kleinen Giebeln mit biforischen Blenden schließt die beiden Westtürme nach oben hin ab. Alle drei Türme werden von gut sichtbaren Knäufen bekrönt.
Der erste große Eingriff in die romanische Architektur der

Kirche erfolgte um 1400, als sich auch in Freyburg der Drang nach einem hellen, übersichtlichen Gotteshaus durchsetzte und man die halbkreisförmige Hauptapsis niederriß, um sie im Anschluß an das romanische Chorquadrat durch einen gotischen Chor mit 5/8 Schluß zu ersetzen. Im sogenannten Weichen Stil entstand hier ein querrechteckiges lichtdurchflutetes Joch mit schlanken, zweigeteilten Drei- und Vierpaßmaßwerkfenstern, die außerdem rotierende Fischblasen zieren. Dem Bau des gotischen Chors folgte knapp 100 Jahre später die Umwandlung des Langhauses samt Nebenschiffen in eine gotische Halle. Hierbei ist den Baumeistern hoch anzurechnen, daß sie in einer, für die damalige Zeit unüblichen Weise bestrebt waren, zwischen den Baustilen größtmögliche Harmonie, also ein geschlossenes Bauwerk zu schaffen. So verzichtete man zum Beispiel auf eine Vergrößerung der Halle und nutzte große Teile der Grundmauern der beiden Seitenschiffe für die neuen Außenmauern. damit hat sich am Grundriß kaum etwas geändert. Das Mittelschiff besteht immer noch aus vier querrechteckigen Jochen, die beiden ehemaligen Seitenschiffe aus je vier längsrechteckigen Jochen. In die beiden Joche, die an die Westtürme grenzen, baute man außerdem noch ein gotisches Nord- bzw. ein Südportal ein. Wahrscheinlich in der Mitte des 15. Jahrhunderts mußte die südliche Nebenapsis einer dringend benötigten Sakristei weichen. Die nördliche Nebenapsis ist aber noch in ihrer romanischen Ursprungsform mit Kegeldach erhalten geblieben.
Eine weitere Besonderheit für das Gebiet des heutigen Sachsen-Anhalt ist die quadratische Vorhalle mit drei leichtspitzbogigen Arkaden am Westbau. Waren sich die Kunsthistoriker bisher lediglich nur darin uneins, ob man die auch „Paradies" genannte Vorhalle noch spätromanisch oder eher frühgotisch bezeichnen sollte, kommt mittlerweile eine neue Hypothese hinzu, die eine Errichtung während der spätgotischen Erneuerung des Langhauses in Betracht zieht. Klarheit schafft da nur eine aufwendige bautechnische Untersuchung, die durch den Nutzen wohl kaum gerechtfertigt wird. Zweifelsfrei romanisch ist hingegen das Tympanon über dem Westportal, das sich direkt an der Rückwand der Vorhalle befindet. Es zeigt

Maria mit dem Jesuskind in der Mitte, während sich je ein Engel von den Seiten mit Weihrauchfäßchen nähert, um der Schutzpatronin der Stadtkirche zu huldigen. Das unter dem Bogenfeld liegende Stufenportal ist leider nur eine Rekonstruktion aus dem Jahre 1940, als im Zuge einer Gesamtinstandsetzung der Kirche der ursprüngliche Zustand des westlichen Eingangs wiederhergestellt wurde. 1499 hatte man nämlich das romanische Portal samt Tympanon durch ein kielbogiges Portal ersetzt. Zum Glück hat das Tympanon anderenorts die Jahrhunderte im Original überdauert.
Neben den rheinischen Einflüssen ist an der Freyburger Stadtkirche auch die Handschrift der Hirsauer Bauschule zu entdecken. Der Sockel an der Außenwand des südlichen Querhausarms verläuft ohne Unterbrechung um das Portal herum, was zu den typischen Schmuckformen der Hirsauer Reformbewegung zählt.
Von der Ausstattung ist mit der „romanischen Brille" vor allem eine der beiden Glocken des Südturms bedeutsam. Sie trägt eine lateinische Inschrift und zwei Medaillons, die die sitzende Maria mit dem Kind sowie eine Kreuzigungsgruppe zeigen. Die Glocke stammt aller Wahrscheinlichkeit nach aus der Entstehungszeit der Kirche, also aus der Spätromanik. Ein Renaissance-Taufstein aus dem Jahre 1592, ein gotischer Flügelaltar (um 1500) mit verschiedenen szenischen Darstellungen der Jungfrau Maria als Werk des Riemenschneider-Schülers Hans Gottwald und mehrere Grabsteine an den Wänden der spätgotischen Halle gehören außerdem zum Inventar von St. Marien.

Schönburg

Burgruine

Als Beispiel für spätromanische Befestigungsbaukunst steht die heutige Ruine Schönburg, die sich ihre Grundformen aus der Entstehungszeit bewahren konnte. Diese geht bis ins dritte Viertel des 12. Jahrhunderts zurück. Die Arbeiten für die trapezförmige Anlage auf einer Sandsteinkuppe über der Saale waren etwa im zweiten Viertel des 13. Jahrhunderts abgeschlossen. Aus dem Jahre 1157

Burgruine Schönburg

stammt die erste nachweisbare Erwähnung der sogenannten Burgwart. Das Anwesen diente offensichtlich zu allererst Verteidigungszwecken, könnte aber auch Verwaltungssitz gewesen sein. Sicher ist, daß die Naumburger Bischöfe in der Schönburg ihre ländliche Sommerresidenz gefunden hatten. Zwei Drittel nimmt die Vorburg für sich in Anspruch, ein Drittel bleibt der Hauptburg. Um das Gelände führt eine Ringmauer, an der Zugangsseite sogar in doppelter Ausführung. Haupt- und Vorburg trennte ein hoher Zwinger voneinander. Von ihm sind noch Teile zu sehen, so zum Beispiel das Torhaus. Es stellt sich als quadratischer Turm dar, der allerdings den größten Teil seiner Bekrönung verloren hat. Das Portal (um 1170) ist rundbogig. Seine Pfosten haben Ecksäulchen mit Würfelkapitellen, verziert durch flaches Palmettendekor. In der Stirnwand des Torhauses befindet sich eine Flachbogennische mit Vorrichtungen für das Fallgatter. Eine weitere Nische diente offensichtlich dem Aufschlagen der Zugbrücke. Gleich am Zwinger steht, zur Kernburg gehörend, das sogenannte Gerichtshaus, dessen tonnengewölbte Keller der romanischen Bauzeit entstammen. Vom romanischen Palas existieren nur noch Teile der Nord- und der Westwand mit ursprünglich dreiteiligen Fenstern, die jedoch ausgebrochen, erneuert oder verändert worden sind. Von der einstigen Burgkapelle fehlen steinerne Überreste gänzlich. Dafür blieb der runde Bergfried gut erhalten. Aus Sandsteinquadern fügt sich das über drei Meter starke

Mauerwerk zu einem 32 Meter hohen Turm zusammen. Im Untergeschoß befand sich das wahrhaft sichere Burgverlies. Der Eingang zu ebener Erde besteht wohl seit dem 16. Jahrhundert. Ursprünglich führte eine Holzbrücke vom Palas aus direkt zum acht Meter hoch gelegenen rundbogigen Eingang. Hier birgt die Mauer in sich eine kleine Kammer mit tonnengewölbter Nische, vermutlich dem Abort. Das Eingangsgeschoß diente denn auch als Wohnraum. Der Kamin mit gerundetem Abzug auf Konsolen und Kämpfern (zweites Viertel 13. Jahrhundert) unterstreicht diese Funktion. Den oberen Abschluß bildet der steinerne Helm. Eine Pforte führt auf den Wehrgang mit Zinnen, unterbrochen vom einstigen Wächterstübchen. Der Bergfried wird in jüngerer Zeit als Aussichtsturm genutzt.
Von der romanischen Vorburg blieben die Ringmauern größtenteils bestehen. In der Mitte der Westmauer führt eine Rundbogenpforte hinaus zu einem Altan. Die als Gaststätte ausgebaute Försterei entstand 1539/40. 1606 richtete ein Sturm riesigen Schaden auf der Schönburg an, der nachfolgend nicht behoben wurde. Zur Ruine wurde die Anlage aber vor allem nach 1668 durch die plündernden Leute, die die bearbeiteten Quadersteine wesentlich besser für den Bau ihrer Wohnhäuser genutzt sahen.

Bernburg

Ehemalige Askanierburg

Schon im 10. Jahrhundert gab es auf dem Sandsteinfelsen hoch über der Saale eine ausgedehnte Burganlage an der Stelle, wo sich heute das Schloß Bernburg erhebt. Allerdings blieb von dieser Burg, bestehend aus einer kleinen Haupt- und einer größeren Vorburg mit Gräben und Wällen, nichts übrig. Sie soll aber zu ihrer Zeit eine hervorragende strategische Position und für die Grafen von Ballenstedt eine wichtige Funktion beim Ausbau ihrer Landesherrschaft besessen haben. Noch vor 1100 ließen sich die Grafen im Nordosten der Anlage, dem sichersten Abschnitt, eine Feudalburg einbauen. Diese kleine Rundburg der Grafen von Askanien, wie sie sich mittlerweile nann-

ten, wurde 1138 zerstört und vom Feuer verwüstet. Geblieben sind lediglich nahe der heutigen nördlichen Sperrmauer Fundamente einer Rotunde, gedeutet als Burgkapelle aus Stein. Vom anschließenden Neubau noch vor 1200 existieren wesentlich mehr Reste. So erhebt sich im Nordosten der 30 Meter hohe runde Bergfried. Sein Mauerwerk weist im Erdgeschoß eine Stärke von 3,60 Metern auf. Der Turm diente nicht nur zur Bewachung der Burg, sondern auch zur Abwehr von Feinden, zur Flucht vor denselben und als Verlies. Um 1570 erhielt der Turm seinen Kegelhelm mit vier Renaissanceerkern. 1666 wurde der „Eulenspiegel", wie man ihn schon damals nannte, umgebaut und neu ausgestattet.
Im Südwesten der Anlage finden sich die Reste der romanischen Burgkapelle von 1170/80. Es stehen die Westwand mit vermauertem Portal, das einst zur Westempore für die Herrschaft führte, und Teile der Südwand mit Ansätzen der Emporenostwand. Bei erfolgreichen Grabungen in 1,80 Meter Tiefe wurden 1973 Fundamente teilweise freigelegt, die die Burgkapelle als Saalkirche mit eingezogenem Chor und halbrunder Apsis bestimmen. Nach 1471 verlor die Kapelle an Bedeutung. Schon um 1500 in baufälligem Zustand, wurde der Bau um 1565 abgebrochen. Die Funktion als Schloßkirche übernahm fortan die spätromanische St.-Aegidienkirche.
Noch im Mittelalter erfolgten zahlreiche Umbau- und Erweiterungsarbeiten. Die heutige Anlage jedoch prägen die Bautätigkeiten des 16. Jahrhunderts. Damals entstanden nicht nur einige Hauptgebäude völlig neu (beispielsweise der Nordflügel mit dem Wolfgangbau), sondern das gesamte Anwesen ging als harmonisches Ensemble verschiedenartiger, über die Jahrhunderte entstandener Bauten hervor. Aus dem Mittelalter stammen der vorwiegend frühgotische quadratische „Blaue Turm" mit romanischem unteren Teil und Renaissancebekrönung, das spätgotische „Alte Haus" und das ebenfalls spätgotische „Krumme Haus" mit spätromanischem und frühgotischem Mauerwerk. Bis 1863 diente das Schloß den Fürsten und späteren Herzögen von Anhalt-Bernburg als Residenz. Anschließend wurde es als Verwaltungsgebäude genutzt und seit 1951 teilweise als Museum eingerichtet.

Schloßkirche

Nach dem Abriß der Burgkapelle übernahm die Kirche St. Aegidien deren Funktion als Schloßkirche. Wann das Gotteshaus genau entstand, ist nicht bekannt. Die heute noch bestehenden romanischen Ostteile entstammen dem dritten Viertel des 12. Jahrhunderts. Es sind dies der Rechteckchor mit Apsis, die Vierung mit Vierungsturm sowie Ansätze des Querhauses. Das Glockengeschoß des Vierungsturms mit den gekuppelten gotisierenden Schallöffnungen entstand vermutlich erst Mitte des 13. Jahrhunderts. 1608 erhöht, erhielt der Turm dann auch sein Zeltdach und die Laterne. Im Obergeschoß sind zum Teil noch die Vierungsbögen und -kämpfer sichtbar. Die östlichen Kämpfer zeigen sich als umgekehrte attische Basen. Romanische Rundbogenfenster bewahren die Hausteinmauern von Apsis und Chor. Beide Bauteile wurden 1625 zur Fürstengruft der bernburgischen Askanier (1603-1863). Unter Chor und Apsis befindet sich ein weiterer Gruftraum als rechtwinklig gebrochener, kreuzgratgewölbter Gang, der sich nach Westen bis unter die ehemalige Vierung erstreckt und dann nach Süden ausläuft. Ab 1752 wurde das romanische Schiff durch ein barockes ersetzt, das breiter und länger ausfiel und zwei Querschiffe besitzt.

- **Allstedt** (Vorwahl: 034652)
  Wigbertikirche; 06542 Allstedt

Öffnungszeiten: keine **Führungen:** nach Anmeldung Museum Tel.: 519
Weitere Sehenswürdigkeiten: Museum Burg und Schloß Allstedt, Naturschutzgebiet Borntal

- **Badeleben** (Vorwahl: 039402)
  Dorfkirche; 39393Badeleben

Öffnungszeiten: keine **Führung** nach Anmeldung Tel.: 217 oder 50089

- **Bad Frankenhausen** (Vorwahl: 034651)
  Kyffhäuser; 06567 Bad Frankenhausen

Öffnungszeiten: Mai bis September 9-19; Oktober bis April 9-17 **Führungen** nach Anmeldung Tel.: 2780 oder 2308

- **Bad Gandersheim** (Vorwahl: 05382)
  Stiftskirche, Stiftsfreiheit, 37581 Bad Gandersheim

Öffnungszeiten: wegen Restaurierung voraussichtlich bis Herbst 1995 geschlossen, dann täglich 10-16 (nicht während der Gottesdienste) **Führungen:** ab Herbst 1995 Mo und Mi 15 Uhr, sonst nach Anmeldung Tel.: 72447-8
Parkempfehlung: Stiftsfreiheit und Domänenhof
Weitere Sehenswürdigkeiten: Kulturzentrum Klosterkirche Brunshausen, romanische Klosterkirche Clus, Kaisersaal der ehem. reichsfreien Abtei an der Stiftsfreiheit
Traditionen und Volksfeste: Gandersheimer Domfestspiele (jährlich im Sommer), Altstadtfest (stets Anfang September)

- **Bernburg** (Vorwahl: 03471)
  Schloß-Museum, Schloßstraße 24; 06406 Bernburg

Öffnungszeiten: Di bis Fr 9-13 und 14-16.30, Sa/So 10-13 und 14-17 **Führungen** nach Anmeldung Tel. 25007
Parkempfehlung: Innenstadt
Weitere Sehenswürdigkeiten: Altstadt mit Renaissance- und Barockbauten, St. Marien, St. Nicolai, Tierpark, Parkeisenbahn, Dorfkirche Waldau, Schloß Plötzkau
Traditionen und Volksfeste: Rosenfest (Juni), Weinfest (September), Beesedauer Räuberfest (Pfingsten), Orgelkonzert in der Schloßkirche (jeden Monat)

- **Bismark** (Vorwahl: 039089)
  Stadtkirche; 39629 Bismark

Öffnungszeiten: keine

- **Blankenburg** (Vorwahl: 03944)
  Burgruine Regenstein; 38889 Blankenburg/Harz

Öffnungszeiten: November bis April Mi bis So 9-16 (bei extremer Witterung wie Glatteis u.ä. geschlossen) Mai bis Oktober täglich 9-18 **Führungen** nach Anmeldung (Tel.: 61290)
Parkempfehlung: gleich hinter der Abfahrt von der B 6, von hier Pendelverkehr mit einer Bimmelbahn
Weitere Sehenswürdigkeiten: Rathaus, Kleines Schloß mit barockem Terrassengarten, Bartholomäuskirche, Teufelsmauer, Kloster Michaelstein
Traditionen und Volksfeste: Blankenburger Musiktage im Kloster Michaelstein (November), Ritterspiele auf dem Regenstein (August), Blütenfest (Mai), Truckerfest auf dem Schnappelberg (Oktober)

- **Braunschweig** (Vorwahl: 0531)
  Stiftskirche St. Blasii, Burgplatz; 38100 Braunschweig

Öffnungszeiten: Mo bis Sa 10-13 und 15-17, So 15-17 **Führungen** nur nach Anmeldung Tel.: 27355 und ausschließlich für Gruppen
Weitere Sehenswürdigkeiten: Ägidienkirche (romanischer Kreuzgang), St. Katharinen, Klosterkirche Riddagshausen
Traditionen und Volksfeste: Löwenfest (1. Wochenende im Oktober), Mittelalterlicher Markt (Pfingsten)

- **Buchholz** (Vorwahl: 039361)
  Dorfkirche; 39579 Buchholz

Öffnungszeiten: keine **Kontakt:** Ev. Pfarramt Buchholz Tel.: 392

- **Dambeck** (Vorwahl: 039035)
  Dorfkirche; 29416 Dambeck

Öffnungszeiten: keine, Anmeldung Tel.: 266

- **Derenburg** (Vorwahl: 039453)
  St. Trinitatis; 38895 Derenburg

Öffnungszeiten: keine, Anmeldung Tel.: 388

- **Freckleben** (Vorwahl: 034785)
  Burg; 06456 Freckleben

Öffnungszeiten: keine, **Führungen:** nach Anmeldung Tel.: 20305

- **Freyburg** (Vorwahl: 034464)
  Stadtkirche St. Marien, Kirchstraße 7; 06630 Freyburg

Öffnungszeiten: keine **Führungen** nach Anmeldung Tel.: 27451
Parkempfehlung: an der Kirche
Weitere Sehenswürdigkeiten: Schloß Neuenburg, Jahn-Museum, Rotkäppchen-Sektkellerei
Traditionen und Volksfeste: Winzerfest im September

- **Giesenslage** (Vorwahl: 039390)
  Dorfkirche; 39606 Giesenslage (nördlich von Busch)

Öffnungszeiten: keine **Kontakt:** Tel.: 295

- **Göllingen** (Vorwahl:034671)
  Klosterkirche, Klosterstraße; 06567 Göllingen

Öffnungszeiten: keine, man kann sich aber ganzjährig Mo bis Fr in der Jugendbegegnungsstätte, Klosterstraße 1, Sa/So bei Herrn Chmielus, Hauptstraße 11, melden
Führungen möglichst anmelden Tel.: 3689 und 8642
Parkempfehlung:direkt vor der Kirchenruine
Traditionen und Volksfeste: Turmfest (2. Wochenende im Sept.)

- **Goslar** (Vorwahl: 05321)
  Kaiserpfalz/Ulrichkapelle, Kaiserbleek 6; 38640 Goslar

Öffnungszeiten: täglich 9.30-18 **Führungen** nach Anm. Tel.: 2891
Parkempfehlung: Parkplatz Kaiserpfalz (Parkleitsystem folgen)
Domvorhalle, Kaiserbleek 10; 38640 Goslar
Öffnungszeiten: keine **Führungen** nach Anmeldung Tel.: 2891
Neuwerkkirche
Öffnungszeiten: wegen Restaurierung 1994/95 keine Besichtigung möglich
Parkempfehlung: am Achtermann oder Untere Schildwache
Weitere Sehenswürdigkeiten: Marktkirche, St. Jakobi, Frankenberger Kirche, Bergbaumuseum Rammelsberg, Rathaus mit Marktbrunnen, große geschlossene Altstadt mit riesigem Fachwerkbestand

- **Gottesgnaden** (Vorwahl: 039291)
  Dorfkirche Gottesgnaden; 39240 Calbe

Öffnungszeiten: keine **Kontakt:** Ev. Pfarramt Calbe Tel.: 2320
Parkempfehlung: Anfahrt über Gierfähre (Saale) oder über Schwarz (Richtung Aken), Parken am Kirchhof
Weitere Sehenswürdigkeiten: Roland, Marktplatz (1994 restauriert und umgestaltet), Heimatstube, Naherholungsgebiet Wartenberg

- **Grabow** (Vorwahl: 03921)
  Dorfkirche; 39291 Grabow

Öffnungszeiten: keine **Kontakt:** Ev. Pfarramt Grabow Tel.: 2764

- **Großwulkow** (Vorwahl: 039341)
  Dorfkirche; 39307 Großwulkow

Öffnungszeiten: Mo bis Fr 10-12 und 14-16, So 10-12 und 14-17 **Führungen** nach Anmeldung Tel.: 321 und 335

- **Hämerten** (Vorwahl: 03931)
  Dorfkirche; 39590 Hämerten

Öffnungszeiten: keine **Kontakt:** Ev. Pfarramt Staffelde Tel.: 712015

- **Harzgerode** (Vorwahl: 039484)
  Burgruine Anhalt

Parkempfehlung: Anfahrt über Mägdesprung, hier Abzweig bis zur Selkemühle.

Steiler Aufstieg zur Ruine (15 bis 20 min.)

- **Heiligenthal** (Vorwahl: 034783)
  Dorfkirche; 06347 Heiligenthal

Öffnungszeiten: keine **Kontakt:** Ev. Pfarramt Polleben Tel.: (03475) 603336

- **Hildesheim** (Vorwahl: 039202)
  Dom St. Maria, Domhof; 31134 Hildesheim

Öffnungszeiten: Mo bis Fr 9.30-17, Sa 9.30-14.30 **Führungen:** nach Anmeldung Tel.: 32921

Öffnungszeiten Diözesanmuseum: Di bis Sa10-17, So 12-17

St. Michael, Klosterstraße; 31134 Hildesheim

Öffnungszeiten: April bis September Mo bis Sa 8-18, So 13-18; Oktober bis März Mo bis Sa 9-16, So 13-16 **Führungen:** nach Anmeldung Tel.: 34410

St. Godehard, Godehardsplatz; 31134 Hildesheim

Öffnungszeiten: April bis September Mo bis Fr 9-18, Sa 9-14.30, So 11.30-16.30; Oktober bis März wie im Sommer, nur wird bei Einbruch der Dunkelheit die Kirche verschlossen. **Führungen:** nach Anmeldung Tel.: 133100

- **Jeetze** (Vorwahl: 039030)
  Dorfkirche; 39624 Jeetze

Öffnungszeiten: keine **Kontakt:** Pfarramt Jeetze Tel.: 736

- **Jerchel** (Vorwahl: 039362)
  Dorfkirche; 39517 Jerchel

Öffnungszeiten: keine **Kontakt:** Pfarramt Grieben Tel.: 256

- **Königslutter** (Vorwahl: 05353)
  Stiftskirche, Vor dem Kaiserdom 1; 38154 Königslutter am Elm

Öffnungszeiten: täglich 9-18, im Winter 9-17 **Führungen** nach Anm. Tel.: 501129
Parkempfehlung: kleiner Parkplatz vor der Kirche
Weitere Sehenswürdigkeiten: Altstadt, Kaiserdom-Museum, Museum mechanischer Musikinstrumente

- **Magdeburg** (Vorwahl: 0391)
  Halle Buttergasse und Ratskeller

Kontakt: Magdeburg-Information Tel.:35352
Weitere Sehenswürdigkeiten: Alter Markt mit Rathaus, Petriförder mit historischer Befestigungsanlage, Kulturhistorisches Museum, Pferderennbahn

- **Marienborn** (Vorwahl: 039406)
  Stiftskirche; 39365 Marienborn

Öffnungszeiten: keine **Kontakt:** Pfarr. Sommersdorf Tel.: 039402/424

- **Möringen** (Vorwahl: 039329)
  Dorfkirche; 39599 Möringen

Öffnungszeiten: keine **Kontakt:** Ev. Pfarramt Tel.: 249

- **Morungen**
  Burgruine; 06528 Morungen

Parkempfehlung: Anfahrt bis Ortsende (Forstwege), von hier Wanderweg (15 - 20 min.). Vorsicht! Die Ruine ist nicht gesichert und zu großen Teilen zugewachsen.

- **Nedlitz** (Vorwahl: 039224)
  Dorfkirche; 39291 Nedlitz

Öffnungszeiten: keine **Kontakt:** Pfarramt Tel.:211

- **Nordhausen** (Vorwahl: 03631)
  Dom-Krypta, Domstraße 5; 99734 Nordhausen

Öffnungszeiten: Nur im Sommer täglich 14-16 **Führungen** nach Anm. Tel.: 3545
Parkempfehlung: direkt am Dom zum Heiligen Kreuz

- **Plötzky** (Vorwahl: 039200)
  Dorfkirche, Magdeburger Straße; 39245 Plötzky

Öffnungszeiten: im Sommer täglich geöffnet, im Winter Schlüssel im benachbarten Pfarrhaus **Führungen** nach Anmeldung Tel.: 51957

- **Quenstedt** (Vorwahl: 03473)
  Dorfkirche; 06333 Quenstedt

Öffnungszeiten: keine **Kontakt:** Ev. Pfarramt Tel.: 5935

- **Salzwedel** (Vorwahl: 03901)

St. Marien, Kleine Predigerstraße 7; 29410 Salzwedel
Öffnungszeiten: Oktober bis 15. März Mo bis Fr 14-15; 16. März bis September Mo bis Fr 10.30-12 und 14-15, Sa/So 13-16 **Führungen** nach Anmeldung Tel.: 23067 und 22438

- **Schönburg** (Vorwahl: 03445)
  Burgruine; 06618 Schönburg

Öffnungszeiten: keine wegen umfassender Restaurierung **Führungen** nach schriftl. Anmeldung: Hartwig Stützer, Nr. 37, 06618 Schönburg

- **Schöningen** (Vorwahl: 05352)
  Lorenzkirche, Klosterfreiheit; 38364 Schöningen

Öffnungszeiten: täglich 9-18 **Führungen** nach Anmeldung Tel.:4776
Weitere Sehenswürdigkeiten: Burg Warberg, Elmsburg-Ruine
Traditionen und Volksfeste: Schloßfest, Schützen- und Volksfest, Altstadtfest (alle im August)

- **Seeburg** (Vorwahl: 034774)
  Burg; 06317 Seeburg

Öffnungszeiten: keine **Kontakt:** Stadtverwaltung Tel.: 8208

- **Sommersdorf** (Vorwahl: 039402)
  Sommerschenburg, Schloßhof 1; 39365 Sommersdorf

Öffnungszeiten: keine **Führungen** nach Anmeldung Tel.: 50939
Traditionen und Volksfeste: Burgfest (2. Wochenende im Oktober)

- **Stecklenberg**
  Burgruine Lauenburg; 06507 Stecklenberg

Parkempfehlung: Anfahrt über unbefestigten Forstweg direkt bis hinauf zur Ruine. Links des Wegs die Vorburg, rechts (stark überwachsen und vom Weg aus nicht zu sehen) die Reste der Hauptburg. Vorsicht! Die Anlage ist nicht befestigt!
Weitere Sehenswürdigkeiten: Burgruine Stecklenberg, Calciumquelle

- **Steinbach** (Vorwahl 034465)
  Dorfkirche; 06644 Steinbach

Öffnungszeiten: keine, nur zu den Gottesdiensten **Kontakt:** Ruth Weber, Steinbach Nr. 22 und Alfred Kirchner, Steinbach Nr. 46
Weitere Sehenswürdigkeiten: Stadtkirche Bad Bibra, Glockenmuseum Laucha, Wassermühle im Saubachtal

- **Uchtdorf** (Vorwahl: 03935)
  Dorfkirche; 39517 Uchtdorf

Öffnungszeiten: keine

- **Unterröblingen** (Vorwahl: 039341)
  Dorfkirche; 06317 Unterröblingen

Öffnungszeiten: keine

- **Wernigerode** (Vorwahl: 03943)
  St. Johannis, Pfarrstraße; 38855 Wernigerode

Öffnungszeiten: täglich 11-16 Uhr **Führungen:** nach Anmeldung Tel.: 32432
Parkempfehlung: Parkplatz am Neuen Markt
Weitere Sehenswürdigkeiten: spätgotisches Fachwerkrathaus, historistisch umgebautes Schloß mit Museum, Altstadt mit beachtlichem Fachwerkbestand, Krummelsches Haus, Harzquer- und Brockenbahn
Traditionen und Volksfeste: Rathausfest (Juni), Altstadtfest (September), Schloßspektakel (Juli)

- **Wimmelburg** (Vorwahl: 03475)
  Klosterkirche; 06313 Wimmelburg

Öffnungszeiten: keine **Kontakt:** Tel. 602890

- **Zeddenick** (Vorwahl: 039221)
  Dorfkirche; 39291 Zeddenick

Öffnungszeiten: keine, **Kontakt:** Ortsausgang am Buswendeplatz bei Neumann nach dem Schlüssel fragen

- **Zerbst** (Vorwahl: 03923)
  Bartholomäikirche, Schloßfreiheit; 39261 Zerbst

Öffnungszeiten: keine **Kontakt:** Stadt-Information Tel.: 2351

Inhalt